[响应儿童的学程
梧桐树下的童年]

丛书主编 / 李晓艳

跟着飞飞和翔翔去旅行

主　编　雷　爽　田　乐　方秋景
副主编　罗晶晶　薛　洁　王　婧　陈　琼

華中科技大學出版社
http://www.hustp.com
中国 · 武汉

图书在版编目（CIP）数据

跟着飞飞和翔翔去旅行 / 雷爽，田乐，方秋景主编．—武汉：华中科技大学出版社，2017.8

ISBN 978-7-5680-2827-1

Ⅰ．①跟… Ⅱ．①雷… ②田… ③方… Ⅲ．①文化史－世界－儿童读物 Ⅳ．①K103-49

中国版本图书馆 CIP 数据核字 (2017) 第 105827 号

跟着飞飞和翔翔去旅行

Genzhe Feifei he Xiangxiang qu Lüxing

雷 爽 田 乐 方秋景 主编

策划编辑：徐晓琦 范 莹
责任编辑：熊 慧
封面设计：原色设计
责任校对：曾 婷
责任监印：周治超
出版发行：华中科技大学出版社（中国·武汉） 电话：（027）81321913
武汉市东湖新技术开发区华工科技园 邮编：430223
录 排：华中科技大学惠友文印中心
印 刷：湖北新华印务有限公司
开 本：880mm×1194mm 1/16
印 张：8
字 数：172 千字
版 次：2017 年 8 月第 1 版第 1 次印刷
定 价：46.00 元

本书若有印装质量问题，请向出版社营销中心调换
全国免费服务热线：400-6679-118 竭诚为您服务

在响应儿童的个性需求中寻求教育意义

——“响应儿童的学程”丛书主编寄语

华中科技大学附属小学是教育部直属高校附小，学校以“全人教育”思想为指导，提出了“给孩子完美的童年，让师生完满地成长”的办学理念，致力于实现“把附小办成一所面向未来、有科学涵养和人文关怀的现代化学校”的办学目标，让学校成为学生喜爱的地方，并促使学生能“平衡发展，快乐成长”。在多年的办学历程中，学校认识到只有承认个体差异性，只有尊重个性，即尊重那种“属于他自己的、别人无法代替的东西”，全人教育才能实现；只有成全和成就每个儿童，才能“走向真实的教育”。

《国家中长期教育改革和发展规划纲要（2010—2020年）》强调：坚持全面发展与个性发展的统一；关注、尊重学生个性，促进个性发展；创造条件开设丰富多彩的选修课，为学生提供更多选择，促进学生全面而有个性的发展；关注学生的不同特点和个性差异，发掘每一个学生的优势潜能。

不久前正式发布的《中国学生发展核心素养》提出以培养“全面发展的人”为核心，提出要培养学生的“人文底蕴”和“科学精神”，强调要使学生“认识和发现自我价值，发掘自身潜力”，强调培养学生“具有问题意识；能独立思考、独立判断；思维缜密，能多角度、辩证地分析问题，做出选择和决定等”，这些思想理念都已很好地体现在了华中科技大学附属小学的学校文化中。

课程，是学校提供教育服务的“产品”，也是学校的核心竞争力。让学生喜欢课程，既是学校办学“儿童立场”的重要体现，也是学生自我生命个体“平衡发展，快乐成长”的内在需求。从某种意义上说，课程的个性化导向也是体现学校办学特色的主要方式。

基于上述考虑，学校提出了建立“响应儿童的学程”的课程开发理念。从课程入手，让课程为学生的个性成长服务，建立响应儿童需求的学习历程和学习课程，让课程的选择性服务于学生成长的全面性。

在“响应儿童的学程”的理念指导下，学校在立足国家课程、开发校本课程、整合课外活动的基础上，精心设计了“助力完美童年的个性化课程体系——Ω 课程体系”。

Ω 课程体系从实施的途径上看，分为国家课程、校本必修课程和校本选修课程等三类。国家课程和校本必修课程是面向全校所有学生的课程，旨在促进学生核心素养的全面充分发展，体现其基础性、完整性和系统性。校本选修课程是学生依据自己的兴趣、需求自主选择的课程，旨在满足学生的个性需求，促进学生的个性发展。该类课程多为综合类课程，体现其选择性、综合性和实践性。这一整体课程结构着眼于在总体上实现“平衡发展，快乐成长”的培养目标，实现全人教育与个性教育的统一、科学教育与人文教育的融合。

课程对学生的教育意义不言而喻，而被赋予教育意义的课程才是有价值的。“响应儿童的学程”丛书由“个性化课程整体开发研究”“学习者中心的校本课程开发”和“梧桐树下的童年”等三个系列组成，分别呈现了华中科技大学附属小学 Ω 课程体系的理论与实践研究、学校校本课程和国家课程校本化实施的成果。我们努力借助“响应儿童的学程”丛书来传递我们坚持“学生立场”，让课程适应每一位学生，让每一位学生成为最好的自己的教育观念。我们也寄希望于丛书的出版，让课程更富有教育的意义，从而增强课程开发者和执行者教书育人的使命感。

李晓艳

2016 年 9 月 28 日

前言

《中国学生发展核心素养》指出："文化是人存在的根和魂。文化基础，重在强调能习得人文、科学等各领域的知识和技能，掌握和运用人类优秀智慧成果，涵养内在精神，追求真善美的统一，发展成为有宽厚文化基础、有更高精神追求的人。"英语学科的特点决定了除了教授语言知识，教师还应带领学生领略世界文化，渗透国际理解教育，开拓学生的国际视野，激发学生探索世界的热情。这与我们华中科技大学附属小学的教育培养目标不谋而合。

基于此，我们编写了《跟着飞飞和翔翔去旅行》一书。这是一本面向儿童介绍世界各国文化的插图读物。本书中，小旅行家飞飞和翔翔带领大家从中国出发，游历世界上有明显文化特征的十二个国家——英国（UK）、法国（France）、意大利（Italy）、希腊（Greece）、埃及（Egypt）、巴西（Brazil）、美国（America）、加拿大（Canada）、澳大利亚（Australia）、新西兰（New Zealand）、日本（Japan）和印度（India）——最后回到中国，足迹遍布欧洲、非洲、南美洲、北美洲、大洋洲和亚洲，将有趣的见闻、风土人情和文化礼仪等内容呈现在大家面前。本书从儿童的视野出发，从儿童感兴趣的角度去看待每一个国家，让学生浸润其中，了解不同国家的风土人情，领略其风光，学习其文化。

本书对每个洲设篇、每个国家设章加以介绍。每章前都设有针对性的导读问题，启发学生思考，让他们带着问题和兴趣进行阅读。除此之外，每章伴有读中问题和读后开放性问题拓展，鼓励学生在初步了解每个国家风土人情的基础上针对自己感兴趣的部分进行再探索。每篇后还附有实用交际英语及真实情景对话（配有对话视频，可扫描相应二维码获取），如出行常用英语、紧急用语、酒店入住用语、购物用语、饮食用语、做客用语等。

我们赶紧与飞飞和翔翔一起展开这段美妙的旅程吧！

作者

2017 年 11 月

人物档案

飞飞

特征： 小小旅行家，对各国的有关知识无所不知。

身高： 到你的膝盖处。

爱好： 喜欢吃冰激凌，爱思考、爱提问。

翔翔

特征： 小小旅行家，知识渊博，乐于助人，动手能力强。

身高： 到你的膝盖处。

爱好： 喜欢探索大自然的各种问题。

大家好！我们是你们的好朋友飞飞和翔翔，让我们一起走进丰富多彩的大世界，体验奇妙的旅行吧！

欧洲篇

非洲篇

南美洲篇

目录

大洋洲篇

北美洲篇

亚洲篇

欧洲篇

Europe

第1章 英国
——哈利·波特的魔法国度

导读问题：

(1) 你看过哪些英国的电影和动画？

(2) 你最喜欢这些电影或动画中的哪个人物呢？说说为什么吧！

这一站，飞飞和翔翔带领我们来到了英国——充满魔法与奇幻的神秘土地。其国旗如图 1-1 所示，在这里，哈利·波特与他的小伙伴们共同与神秘人伏地魔英勇战斗。现在让我们一起跟着飞飞和翔翔，来认识这个神秘的魔法国度吧！

图 1-1 英国国旗

一、国家概况

常常有同学很疑惑，表达英国的词有 England、Britain、the UK……它们之间有什么区别呢？其实英国由四部分构成，英格兰（England）、威尔士（Wales）和苏格兰（Scotland）构成了大不列颠岛，简称 Britain，再加上北爱尔兰（Northern Ireland），如图 1-2 所示，所以英国全称是大不列颠及北爱尔兰联合王国（the United Kingdom of Great Britain and Northern Ireland），简称 the UK。

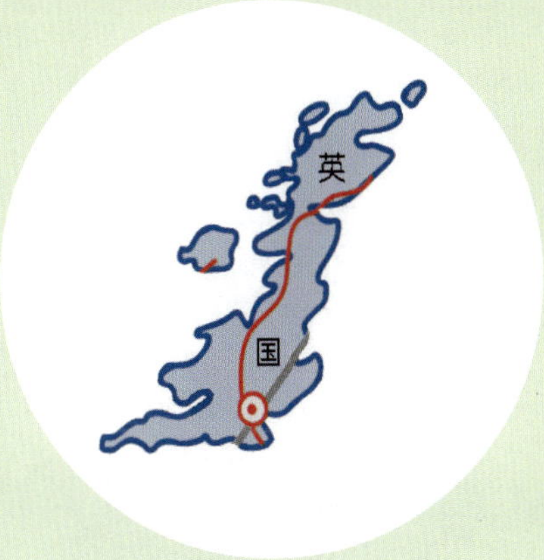

图 1-2 英国地图示意图

同学们，如果给你一幅英国地图（见图 1-3），你能够在留白处标注出四个部分的准确位置吗？在图中试一试吧！

图 1-3 英国地图示意图（留白）

英国拥有悠久的历史和灿烂的文化，是18世纪至20世纪初期世界上最强大的国家，号称“日不落帝国”。在这片美丽的沃土上，有美丽的自然风光，有美轮美奂的建筑，有绚烂的文化遗产。这里是哈利·波特的故乡，是特工007的家园，是大侦探福尔摩斯一展身手的舞台。今天我们就追随哈利·波特的足迹，给大家主要介绍伦敦塔桥等著名景点。

英国首都伦敦(London)就是哈利·波特出发前往魔法世界的地方。伦敦是英国的首都、欧洲最大的城市，有数量众多的名胜景点与博物馆。伦敦塔桥如图1-4所示。

图1-4 伦敦塔桥

伦敦市中心的国王十字车站(King's Cross Railway Station)如图1-5所示，正是通往霍格沃茨魔法学校的火车始发站。

图1-5 国王十字车站

哈利·波特就是在其著名的九又四分之三站台登上了开往霍格沃茨的魔法列车。

优雅的泰晤士河畔，如图 1-6 所示，有伦敦的标志性建筑：伊丽莎白塔（Elizabeth Tower，旧称大本钟（Big Ben）），以及享誉全世界的伦敦眼（the London Eye）。伦敦眼是世界首座观景摩天轮，也是俯视伦敦的魔法之眼哟！同学们来到伦敦，一定要体验这不一样的感受！

图 1-6 泰晤士河畔

出了伦敦市中心，我们又来到伦敦动物园（London Zoo），如图 1-7 所示，在这里哈利第一次发现自己拥有可以和蛇交谈的特异功能。伦敦动物园的动物种类应有尽有，多达 650 多种。来到这里，你将有机会与这些奇妙的生灵近距离接触！说一说奇妙的动物世界中你都了解哪些动物吧！

图 1-7 伦敦动物园

从伦敦向北，我们来到了霍格沃茨魔法学校的图书馆——这段剧情取材于牛津大学(Oxford)图书馆。牛津大学(Oxford)和剑桥大学(Cambridge)(见图1-8)是英国著名的大学，也是全世界的顶尖大学。同学们，现在努力学好英语，将来你们也有机会进入这些世界级的高等学府哟！

图 1-8　剑桥大学

除了英格兰之外，上面还提到英国大不列颠岛的北面是苏格兰。大家还记得在电影里哈利·波特乘坐的蒸汽火车吗？它是风光秀丽的苏格兰高地(Scottish Highlands)一道亮丽的风景线，如图1-9所示。

图 1-9　苏格兰高地的蒸汽火车

二、文化差异

1. 英国女王

英国是一个君主立宪制国家，除了有首相处理国家大事以外，还有女王统领国家的皇室哦！英国现任女王是现年 91 岁的伊丽莎白二世，1952 年登基，是英国在位时间最长的君主。女王的居所就是英国著名的白金汉宫(Buckingham Palace)。女王最爱的宠物是一群短腿小柯基，如图 1-10 所示。自她当女王之后，一共养过 30 多条柯基呢！

图 1-10 英国女王与她的短腿小柯基

2. 绅士文化

“绅士”一词(gentleman)最早出现在英国，一般说来，英国绅士通常会头戴礼帽，身着笔挺的西装，足蹬擦亮的皮鞋，手提一把雨伞(见图 1-11)。绅士风度是英国男性公众所崇尚的基本礼仪规范，要求在公众交往中注意自己的仪容举止，做到风姿优雅，能给人留下彬彬有礼和富有教养的印象。①服装穿着合适得体。②性格内敛，采用幽默的社交方式。③遵循女士优先的礼仪原则。在平时的生活和与人相处中，男同学们一定要注意自己的言行举止，争取给别人留下“小绅士”的印象哦!

图 1-11 英国绅士

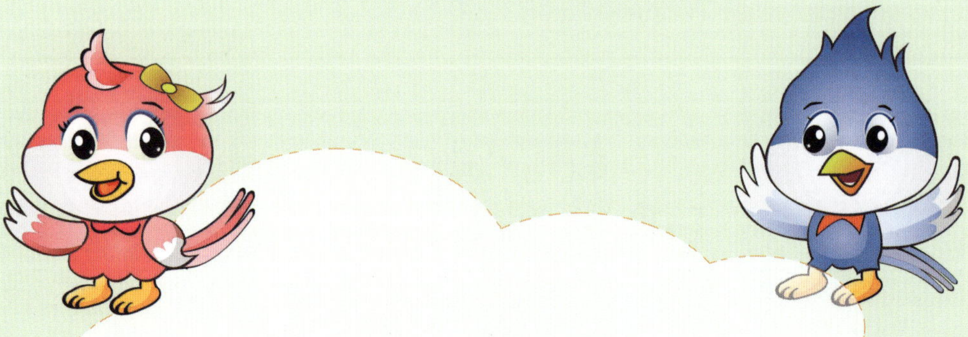

同学们，英国就给大家介绍到这里，你们是否已经对这个神秘莫测的魔法国度流连忘返了呢？赶紧把你们的魔杖收好，跟着飞飞和翔翔一起去下一个目的地吧!

读后任务

（1）打开地图找一找英国著名的高等学府牛津大学(Oxford)和剑桥大学(Cambridge)分别位于英国的哪里。

（2）魁地奇球比赛是“哈利·波特”系列中巫师们骑着飞天扫帚参加的球类比赛。了解这项比赛的玩法和规则。

答案揭晓

同学们，如果给你一幅英国地图(见图 1-3)，你能够标注出四个部分的准确位置吗？在图中试一试吧！

飞飞、翔翔：英国四个主要组成部分如图 1-12 所示。

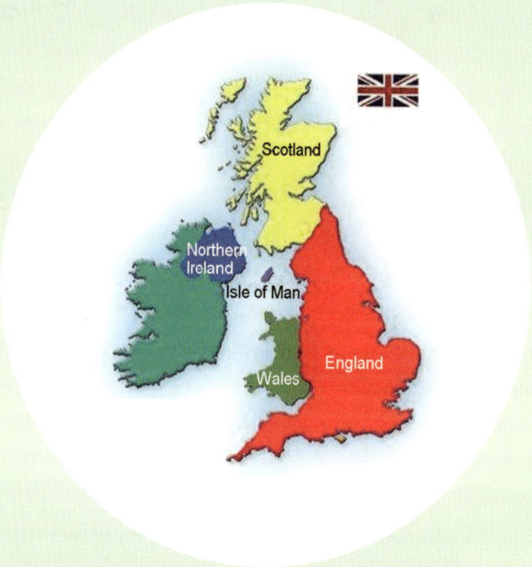

图 1-12 英国地图示意图（四个主要组成部分）

第2章 法国

导读问题：

提到法国，你会想到哪些标志性的特征呢？

我们跟随飞飞、翔翔的脚步一起来到了这里——一个崇尚自由、个性张扬的国度；一个以时装、红酒闻名于世的国度；一个可以品尝到世界西菜之首正宗法式大餐和各式精致法式甜点的国度；一个有着优雅女人和浪漫情怀的国度。这里就是法国。怎么样？是不是迫不及待想要更多地了解它了呢？让我们随飞飞、翔翔一起去看看吧！

一、国家概况

法国(France)全称为法兰西共和国，它位于欧洲西部，是欧洲国土面积第三大、西欧面积最大的国家。法国地图示意图如图 2-1 所示。法国国旗由三种颜色的竖条纹组成，从左自右分别是蓝色(blue)、白色(white)和红色(red)，如图 2-2 所示。蓝色代表自由，白色是平等的象征，而红色则代表了博爱。

作为欧盟的一分子，法国的通用货币为欧元(Euro)，如图 2-3 所示，其代表符号为€。法国的通用语言是法语(French)，法语字母和英语字母一样，个数相同，都是 26 个字母，排列次序也一致，如表 2-1 所示。除了发音不同之外，看，在使用时有些字母还戴上了小帽子或多了小尾巴，如 à、ç、é、è、ë、ô、ö、ù。是不是很有意思呢？

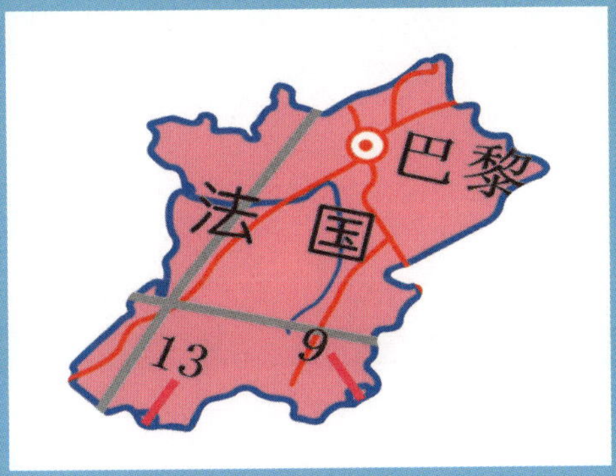

图 2-1 法国地图示意图

图 2-2 法国国旗

图 2-3 欧元

表 2-1 法语字母表

大写	小写	音标	大写	小写	音标
A	a	[a]	N	n	[ɛn]
B	b	[be]	O	o	[o]
C	c	[ce]	P	p	[pe]
D	d	[de]	Q	q	[ky]
E	e	[e]	R	r	[ɛ:r]
F	f	[ɛf]	S	s	[ɛs]
G	g	[ʒe]	T	t	[te]
H	h	[aʃ]	U	u	[y]
I	i	[i]	V	v	[ve]
J	j	[ʒi]	W	w	[dubləve]
K	k	[ka]	X	x	[iks]
L	l	[ɛl]	Y	y	[igrɛk]
M	m	[ɛm]	Z	z	[zɛd]

同学们，武汉已开通直飞法国巴黎的航班了呢，你们知道从武汉直飞巴黎需要多长时间吗？

A.10 小时　　B.14 小时　　C.12 小时

法国的首都为著名的有着“浪漫之都”美称的巴黎(Paris)。巴黎是法国第一大、欧洲第二大城市，与美国纽约(New York)、日本东京(Tokyo)和英国伦敦(London)并称为世界四大国际化都市。巴黎不仅是世界的政治、经济、科技、文化、时尚中心，而且是旅游胜地，以它独有的魅力每天吸引无数来自世界各地的宾客与游人。让我们同飞飞、翔翔一块儿到处逛逛吧！

巴黎共有20个区，分别用数字进行命名，如第一区、第二区……第二十区。

巴黎第一区里有着闻名世界、位居世界四大博物馆之首的卢浮宫博物馆(Louvre Museum)，如图2-4所示，其中收藏着丰富的古典绘画和雕刻，达·芬奇的《蒙娜丽莎》便收藏于此。

除了卢浮宫博物馆，你知道另外三大博物馆是哪些吗？

__________、__________、__________。

图2-4 卢浮宫博物馆

巴黎城市地标之一的埃菲尔铁塔(the Eiffel Tower)位于巴黎第七区，它被法国人爱称为“铁娘子”，如图2-5所示。让我们一块儿乘坐电梯登上巴黎最高的建筑埃菲尔铁塔，俯瞰巴黎风光吧！

埃菲尔铁塔是巴黎最高的建筑，你知道它有多高吗？

A.324米　B.450米　C.700米

图 2-5 埃菲尔铁塔图

跟随飞飞、翔翔，我们来到巴黎最热闹、游客最多的第八区，这里有名扬四海的香榭丽舍大街(Champs Elysees Street)，如图 2-6 所示。世界一流品牌、服装店、香水店都集中在这里。香榭丽舍大街也被称为世界上最美丽的街道。

在香榭丽舍大街的西端，坐落着同样为巴黎地标之一的著名建筑凯旋门(Arch of Triumph)，如图 2-7 所示。顾名思义这是一座象征外出征战的军队凯旋的大门，它也是现今世界上最大的一座圆拱门。

图 2-6 香榭丽舍大街

图 2-7 凯旋门

著名的巴黎歌剧院(the Palais Garnier)位于巴黎第九区，这里精美细致、金碧辉煌，有人说这里像一个精美的首饰盒，如图 2-8 所示。自建造以来，多场经典的演出在这里上演。

图 2-8 巴黎歌剧院

逛了这么久，是不是觉得肚子有些饿了呢？法国人一向以善于吃并精于吃而闻名，怎能不去品尝品尝至今仍名列世界西菜之首的法式大餐呢？赶快和飞飞、翔翔一起去祭祭我们的五脏庙吧！

二、文化差异

同我们中国饮食不同的是，法式大餐必须遵从一套独特的顺序：以开胃酒开始、餐后酒结束，其中至少包含四道菜，分别是头盘、主菜（鱼或肉）、奶酪和甜点，每一道享用完毕后才会上下一道菜。法式鹅肝（见图 2-9）、法式洋葱汤（见图 2-10）和法式焗蜗牛（见图 2-11）都是非常地道的法国菜。法国人对甜品也有着一种特殊的偏爱，琳琅满目的法式甜品让人不禁心向往之。拿破仑酥（见图 2-12）外脆内柔，外观五彩缤纷、精致小巧的马卡龙（见图 2-13）和各式慕斯蛋糕（见图 2-14）都是非常经典的法式甜品呢！是不是食指大动，有点迫不及待想品尝了呢？

图 2-9　法式鹅肝

图 2-10　法式洋葱汤

图 2-11　法式焗蜗牛

图 2-12　拿破仑酥

图 2-13　马卡龙

图 2-14　慕斯蛋糕

在享受法式大餐的时候又如何成为一名餐桌上文明的小学生呢?看看飞飞、翔翔是怎么说的吧!

(1) 餐桌上使用刀叉的时候记得从最外面的餐具开始使用，由外而内，不能打乱次序哦!

(2) 就餐时不能端起盘子。

(3) 涂面包的时候，应该从面包上掰下一块，再用刀涂抹黄油食用。

(4) 左手拿叉，右手拿刀，左手用叉子把肉按住，右手持刀把肉切成小块儿，再用叉子送入口中。记住，整个过程，从切割到送食物入口都是左手持叉，是不需要换手的呢!

(5) 和别人交谈的时候可以不用放下刀叉，但记住，如果需要做手势的话是不可以拿着刀叉挥舞的，那样会很不礼貌。

(6) 吃完不要用餐巾用大力擦嘴，而是用餐巾的一角轻轻地擦拭。

聪明的同学们，你们都记住了吗？下面我们开动吧!

读后任务

(1) 你能为法国想一句旅游宣传口号吗?

(2) 法国给你留下最深刻的印象是什么呢？你能在阅读的基础上再多查找一些相关的资料向你的爸爸、妈妈还有朋友们介绍一下吗?

答案揭晓

同学们，武汉已开通直飞法国巴黎的航班了呢，你们知道从武汉直飞巴黎需要多长时间吗？

A.10 小时　　B.14 小时　　C.12 小时

飞飞、翔翔： 正确答案是“C.12 小时”。例如，武汉直飞巴黎的航班 11:30 从武汉天河机场出发，巴黎当地时间 16:45 到达，大约需要 12 小时。

除了卢浮宫博物馆，你知道另外三大博物馆是哪些吗？

飞飞、翔翔： 英国大英博物馆、俄罗斯艾尔米塔什博物馆和美国大都会博物馆。它们同卢浮宫博物馆一同被称为世界四大博物馆。

埃菲尔铁塔是巴黎最高的建筑，你知道它有多高吗？

A.324 米　　B.450 米　　C.700 米

飞飞、翔翔： 正确答案是“A.324 米”。埃菲尔铁塔高 324 米，你记住了吗？

第3章 意大利

——欧洲文明的摇篮

导读问题：

(1) 你知道世界的时尚之都在哪里吗？那些漂亮时装流行的源头是哪里？

(2) 欧洲文艺复兴的发源地是哪里？

这一站，飞飞和翔翔带领我们来到充满地中海风情的意大利。意大利的艺术品和名胜古迹不胜枚举，整个国家让人感觉就像是欧洲文明的大博物馆。今天，就让我们跟着飞飞和翔翔的足迹，来感受这个欧洲的文明之国带给我们的艺术盛宴吧！

一、国家概况

意大利地处欧洲南部地中海北岸，80% 的国界线为海界。观察意大利的地图（见图 3-1），同学们觉得它像不像一只靴子呢？再来看看意大利国旗（见图 3-2）。

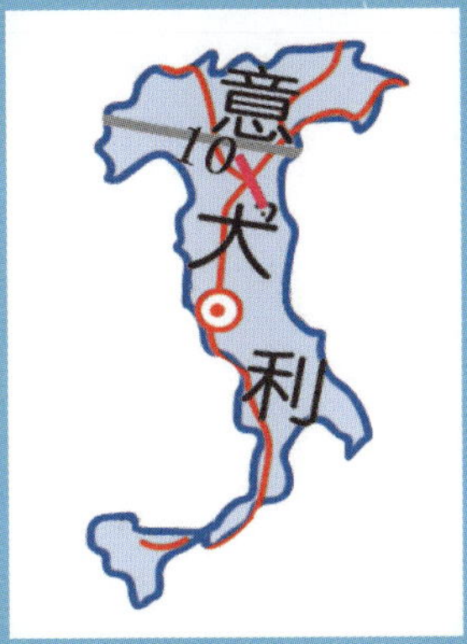

图 3-1　意大利地图示意图

图 3-2　意大利国旗

意大利语(Italian)是意大利的官方语言，是世界上最美的语言之一。人们夸赞意大利语像和风一样清新，词汇如盛开的鲜花。同学们是否也有兴趣学一学意大利语呢？

意大利是一个集文化、艺术和时尚于一身的美丽国度。今天我们就和飞飞、翔翔一起认识一下意大利的著名景点和城市吧！

坐落在意大利中部佛罗伦萨市的比萨斜塔（见图 3-3），倾斜角度为 3.99°，已饱经风霜 800 多年，有望创下“千年不倒”甚至“万年健在”的记录。现在比萨斜塔是人们到访意大利的必去景点，塔前的草坪上满是和斜塔合影的游客。

佛罗伦萨是意大利中部的一个城市，是极为著名的世界艺术之都、欧洲文化中心、欧洲文艺复兴运动的发祥地、举世闻名的文化旅游胜地，如图 3-4 所示。

图 3-3　比萨斜塔

图 3-4　佛罗伦萨

伟大先驱诗人但丁、科学家伽利略以及天才艺术家达·芬奇和米开朗基罗等都在这里生活过。整个城市保留着文艺复兴时的风貌，仍弥漫着文艺复兴的气氛。

同学们，你们知道著名的《蒙娜丽莎》出自哪位大师笔下吗？

A. 拉斐尔　　B. 达·芬奇　　C. 米开朗基罗

米兰（Milan）是世界足球之城和时尚之都，是众多世界顶级服装的大本营（时装秀如图 3-5 所示）。同学们都听说过哪些时装品牌呢？说起米兰，爱好足球的男孩子都知道米兰最有名的足球俱乐部 AC 米兰和国际米兰吧（见图 3-6）！

图 3-5　时装秀

图 3-6　AC 米兰、国际米兰足球俱乐部标志

那么问题来了，著名的足球俱乐部 AC 米兰代表球衣的颜色是什么？

A. 红色和黑色　　B. 蓝色和黑色

游览了那么多美不胜收的景色，飞飞和翔翔决定带同学们去体验最地道的意大利美食，相信同学们都很喜欢。没错，那就是意大利面和意大利披萨（见图 3-7），它们是意大利的特色主食。怎么样？是不是已经垂涎欲滴了？那就和飞飞、翔翔一起开动吧！

图 3-7 意大利面和意大利披萨

二、文化差异

意大利忌讳“13”和“星期五”，认为“13”这一数字象征着厄运，“星期五”也是不吉利的象征。意大利忌讳用手帕作为礼品送人，认为手帕是擦泪水用的，是令人悲伤的东西。所以，用手帕送礼是失礼的，同时也是不礼貌的。意大利人还忌讳别人用目光盯视他们，认为用目光盯视人是对人的不尊敬，可能还有不良的企图。所以同学们到了意大利一定要注意这些当地的风俗禁忌，千万不要带来不必要的麻烦哦！

好啦，意大利就给大家简短地介绍到这里。欣赏了文明和艺术的摇篮，也吃到了有特色的意大利美食，你是否也准备开启一段欧洲文明之旅呢？

读后任务

(1) 你认识哪些意大利的足球明星？他们都效力于哪个球队，说说你喜欢谁，为什么？

(2) 作为欧洲的艺术摇篮，曾经有许多艺术大师在意大利生活。说说他们都留下了哪些举世闻名的作品。

答案揭晓

同学们，你们知道著名的《蒙娜丽莎》出自哪位大师笔下吗？

A.拉斐尔　　B.达·芬奇　　C.米开朗基罗

飞飞、翔翔：正确答案是“B.达·芬奇”。《蒙娜丽莎》是文艺复兴时期画家达·芬奇所绘的肖像画。法国政府把它保存在巴黎的卢浮宫博物馆供公众欣赏。

那么问题来了，著名的足球俱乐部AC米兰代表球衣的颜色是什么？

A.红色和黑色　　B.蓝色和黑色

飞飞、翔翔：正确答案是“A.红色和黑色”。AC米兰和国际米兰是米兰的两大著名足球俱乐部。AC米兰球员穿红黑条纹衫；国际米兰球员穿蓝黑条纹衫。

第4章 希腊

导读问题：

提到希腊，你会想到哪些标志性的特征呢？

这里是西方文明的发源地，它拥有悠久的历史，创造过灿烂的古代文明，并对欧、亚、非三大洲的历史发展有过重大影响。它神奇的建筑艺术、未经修饰的地中海迷人之美、充满神秘色彩的美丽岛屿，有着不可抗拒的吸引力。这里就是希腊！让我们同飞飞、翔翔一起饱览希腊风光吧！

一、国家概况

希腊(Greece)位于欧洲东南部，历史悠久，可一直上溯到古希腊文明，被视为西方文明的摇篮。首都雅典(Athens)是世界上最古老的城市之一。希腊地图示意图如图 4-1 所示。

蓝色和白色是希腊的代表色，因此希腊国旗也是由蓝色和白色组成的，如图 4-2 所示。

图 4-1 希腊地图示意图

图 4-2 希腊国旗

希腊人民热爱和平，根据希腊神话，希腊的橄榄树是由和平与智慧女神雅典娜撒下的一粒种子生长繁衍而来的，因此希腊人把橄榄视为和平与智慧的象征，在希腊国徽上也有橄榄枝的图案，如图 4-3 所示。

希腊的国树也为橄榄树，如图 4-4 所示，其栽培品种有较高的食用价值，含丰富优质的食用植物油——橄榄油，如图 4-5 所示。橄榄树在希腊充满了神秘感，深受希腊人民的喜爱。

图 4-3 希腊国徽

图 4-4 橄榄树

图 4-5 橄榄油

1. 希腊神话

刚才说到的和平与智慧女神雅典娜就是出自著名的希腊神话，相信同学们都有所耳闻吧！

希腊神话最初是在希腊原始居民长期口头相传并借鉴了流传到希腊的其他各国神话的基础上形成的，后人将它们整理成现在的古希腊神话故事，分为神的故事和英雄传说两部分。

雅典娜就是古希腊宗教中最受崇拜的十二位天神之一。这十二天神分别是宙斯（神王）、赫拉（婚姻女神）、德墨忒尔（丰饶女神）、赫斯提亚（火和灶女神）、波塞冬（海神）、雅典娜（和平与智慧女神、女战神）、阿波罗（光明之神）、阿尔忒弥斯（狩猎和森林女神）、阿佛洛狄忒（飞鸽及爱与美之女神）、阿瑞斯（战神）、赫淮斯托斯（火金和巧匠之神）及赫耳墨斯（神使，小偷、旅者与商人之神），如图 4-6 所示。

(a) 宙斯（神王） (b) 赫拉（婚姻女神） (c) 德墨忒尔（丰饶女神） (d) 赫斯提亚（火和灶女神）

(e) 波塞冬（海神） (f) 雅典娜（和平与智慧女神、女战神） (g) 阿波罗（光明之神） (h) 阿尔忒弥斯（狩猎和森林女神）

(i) 阿佛洛狄忒（飞鸽及爱与美之女神） (j) 阿瑞斯（战神） (k) 赫淮斯托斯（火金和巧匠之神） (l) 赫耳墨斯（神使，小偷、旅者与商人之神）

图 4-6 十二天神

其中火和灶女神赫斯提亚因与人类住在一起，便把位置让给了狄俄尼索斯（酒神）。哈迪斯（冥王）和珀耳塞福涅（冥后）有时也会包括在奥林波斯十二天神中，但一般哈迪斯都被排除在外，因为他是冥界的统治者。

我们现在常说的十二星座（见图 4-7）也分别对应着一位守护神哦，一起来看看我们的星座对应的守护神是哪位呢?

图 4-7　十二星座

- 白羊座：　阿瑞斯（战神）。
- 金牛座：　阿佛洛狄忒（飞鸽及爱与美之女神）。
- 双子座：　赫耳墨斯（神使，小偷、旅者与商人之神）。
- 巨蟹座：　阿尔忒弥斯（狩猎和森林女神）。
- 狮子座：　阿波罗（光明之神）。
- 处女座：　赫耳墨斯（神使，小偷、旅者与商人之神）。
- 天秤座：　阿佛洛狄忒（飞鸽及爱与美之女神）。
- 天蝎座：　哈迪斯（冥王）。
- 射手座：　宙斯（神王）。
- 摩羯座：　赫淮斯托斯（火金和巧匠之神）。
- 水瓶座：　雅典娜（和平与智慧女神、女战神）。
- 双鱼座：　波塞冬（海神）。

希腊神话中的十二天神你都记住了吗？深受希腊人民喜爱的代表和平与智慧的女神是哪一位呢？

A. 雅典娜　　B. 阿佛洛狄忒　　C. 德墨忒尔

2. 奥林匹克运动会

我们熟知的奥林匹克运动会(Olympic Games)就发源于2000多年前的古希腊，因举办地在奥林匹亚(Olympia)而得名。

古代奥林匹克运动会点燃圣火的仪式起源于古希腊人盗取火种的神话，在奥林匹亚宙斯神像前，按宗教仪式在祭坛上点燃火种，然后持火炬跑遍各城邦，传达奥林匹克运动会即将开始的讯息。各城邦必须休战，忘掉仇恨与战争，积极准备参加奥林匹克运动会的竞技比赛，因此火炬象征着和平、光明、团结与友谊等。现代奥林匹克运动会沿袭了点燃圣火和圣火传递的仪式，如图4-8、图4-9所示。

图4-8　点燃圣火

图4-9　圣火传递

古代奥林匹克运动会停办了1500多年之后，法国人顾拜旦于19世纪末提出举办现代奥林匹克运动会的倡议。1896年举办了首届现代奥林匹克运动会。现代奥林匹克运动会是世界规模最大的综合性运动会，每4年一届。其标志如图4-10所示。2004年奥林匹克运动会就在奥林匹克运动会的发源地——希腊雅典举行。现代奥林匹克运动会掠影如图4-11所示。

图4-10　奥林匹克运动会标志

图 4-11　现代奥林匹克运动会掠影

同学们，你们知道哪一年的奥林匹克运动会是在中国北京举行的吗？

A.2012 年　B.2008 年　C.2016 年

3. 希腊著名景点

了解了这么多希腊的文化和历史，也让我们随飞飞、翔翔一起到处走走逛逛，感受这个国家的别样风情吧！

雅典卫城(Acropolis)有希腊最杰出的古建筑群，如图 4-12 所示。最初卫城是用于防范外敌入侵的要塞。“雅典卫城”在希腊语中的发音为“阿克罗波利斯”，原意为“高处的城市”或“高丘上的城邦”。在卫城可以俯瞰整座雅典城。

图 4-12　雅典卫城

爱琴海(Aegean Sea)是世界著名的旅游胜地，如图 4-13 所示，属于地中海的一部分。爱琴海岛屿众多，其中圣托里尼岛(Santorini)吸引了众多游客前往。还记得之前说过的，希腊的代表色是蓝色和白色吗？在这里，这一点更是体现得淋漓尽致。圣托里尼岛的建筑主色调为蓝、白两色，蓝色的屋顶、白色的墙面，非常美丽。圣托里尼岛第二大镇伊亚镇(OIA)被认为是世界上观看落日最美的地方之一，如图 4-14 所示。现在有一种装修风格就叫地中海装修风格(见图 4-15)，指的就是以蓝、白为主色调，将海洋元素运用到家居设计中。

图 4-13 爱情海

图 4-14 伊亚镇

(a)

(b)

(c)

图 4-15 地中海装修风格

以下还有哪些景点是属于希腊的，你知道吗？

A. 伊丽莎白塔　B. 比萨斜塔　C. 帕特农神庙

读后任务

(1) 你的星座是什么？对应的是希腊神话中哪一位天神呢？你能多查阅一些和他/她相关的故事吗？

(2) 你知道哪一届奥林匹克运动会是在希腊举办的吗？你能列出你所了解的奥林匹克运动会的比赛项目吗？

答案揭晓

希腊神话中的十二天神你都记住了吗？深受希腊人民喜爱的代表和平与智慧的女神是哪一位呢？

A. 雅典娜　B. 阿佛洛狄忒　C. 德墨忒尔

飞飞、翔翔： 正确答案是"A. 雅典娜"。雅典娜是和平与智慧女神，阿佛洛狄忒是飞鸽及爱与美之女神，德墨忒尔则是丰饶女神。

同学们，你们知道哪一年的奥林匹克运动会是在中国北京举行的吗？

A.2012 年　B.2008 年　C.2016 年

飞飞、翔翔： 正确答案是"B.2008 年"。我们国家举办的第一次夏季奥林匹克运动会就是 2008 年北京奥林匹克运动会哦！

以下还有哪些景点是属于希腊的，你知道吗？

A. 伊丽莎白塔　B. 比萨斜塔　C. 帕特农神庙

飞飞、翔翔： 正确答案是"C. 帕特农神庙"。帕特农神庙矗立在希腊首都雅典卫城，是一座巍峨的矩形建筑物。伊丽莎白塔位于英国，而比萨斜塔则位于意大利。

出行常用英语

1. 机场标识英语 (at the airport)

出站（出港、离开）(departure)

国际机场 (international airport)

国内机场 (domestic airport)

机场候机楼 (airport terminal)

国际候机楼 (international terminal)

国际航班出港 (international departure)

国内航班出站 (domestic departure)

卫星楼 (satellite)

中转旅客 (transfer passengers)

中转处 (transfer correspondence)

目的地 (destination)

登机手续办理 (check-in)

登机牌 (boarding pass(card))

护照检查处 (passport control immigration)

行李领取处 (luggage claim/ baggage claim)

国际航班旅客 (international passengers)

中转 (transfer)

过境 (transit)

入口 (entrance)

出口 (exit/ out/ way out)

2. 入关英语 (at the entrance)

免税品 (duty-free items)

本国居民 (resident)

签证 (visa)

报关物品 (goods to declare)

贵宾室 (VIP room)

购票处 (ticket office)

候机室 (departure lounge)

出租车 (taxi)

现金 (cash)

外国居民 (non-resident)

进站（进港、到达）(arrivals)

不需报关 (nothing to declare)

海关 (customs)

登机口 (gate/departure gate)

航班号 (FLT No.(flight number))

出租车乘车点 (taxi pick-up point)

3. 情景对话 (dialogues)

1) 入关

背景：飞飞和翔翔到达海关，准备入境。

Officer：May I see your passport，please?

海关人员：麻烦请给我你的护照。

Feifei & Xiangxiang: Here is my passport / Here it is.

飞飞、翔翔：这是我的护照。

Officer：Where are you staying?

海关人员：你们在哪儿住宿？

Feifei & Xiangxiang: We will stay at Boston Hotel.

飞飞、翔翔：我们将住在波士顿饭店。

Officer：What's the purpose of your visit?

海关人员：你们旅行的目的是什么？

Feifei & Xiangxiang: Sightseeing/Business.

飞飞、翔翔：观光/公务。

Officer：Do you have a return ticket?

海关人员：是否有回程机票？

Feifei & Xiangxiang: Yes, here it is.

飞飞、翔翔：有，这就是。

Officer：How long will you be staying here?

海关人员：预计在这里停留多久？

Feifei & Xiangxiang: 10 days./ I plan to stay for about 10 days.

飞飞、翔翔：10天/预计停留约10天。

Officer：Good.Have a nice day.

海关人员：祝你玩得愉快。

2) 行李遗失

背景：飞飞和翔翔取行李的时候发现少了一个行李箱。他们找到工作人员询问。

Feifei & Xiangxiang: Excuse me.I can't find my baggage.

飞飞、翔翔：打扰一下，我找不到我的行李了。

Officer: Would you come with me to the office?

机场工作人员：请随我到办公室。

Feifei & Xiangxiang: Here is my claim tag.Could you please check it urgently?

飞飞、翔翔：这是我的行李票。是否可麻烦您帮我紧急查询一下？

Officer: Please wait for a moment while we are investigating.

机场工作人员：我们正在调查，请稍等一下。

Officer：Can you describe your baggage?

机场工作人员：请描述一下你的行李特征。

Feifei & Xiangxiang: It is a medium-sized Samsonite, and it's gray.

飞飞、翔翔：它是一个中型的灰色新秀丽皮箱。

Feifei & Xiangxiang: How soon will I find out?

飞飞、翔翔：多快可找到？

Officer: We will deliver the baggage to your hotel as soon as we've located it.

机场工作人员：一旦找到行李，我们就会立即送到您入住的酒店。

Feifei & Xiangxiang: Thank you very much.

飞飞、翔翔：非常感谢。

非洲篇

Africa

第5章 埃及

导读问题：

你对神秘的文明古国埃及有怎样的印象呢？

今天，飞飞和翔翔带我们来到了神秘的金字塔之国——埃及(Egypt)。在这个神奇的国度里，飞飞和翔翔会有怎样的境遇呢？让我们一起来揭开它神秘的面纱吧！

一、国家概况

埃及地跨亚、非两洲，大部分位于非洲东北部，如图 5-1 所示。埃及国旗如图 5-2 所示。从北京直飞到埃及的首都开罗大约需要 11 小时。

图 5-1 埃及地图示意图

埃及是世界四大文明古国之一。历史上的埃及在象形文字（见图 5-3）、天文学、数学、建筑学等方面也取得了伟大成就，如人类第一部太阳历、金字塔，都代表了埃及古代文明的发展。

图 5-2 埃及国旗

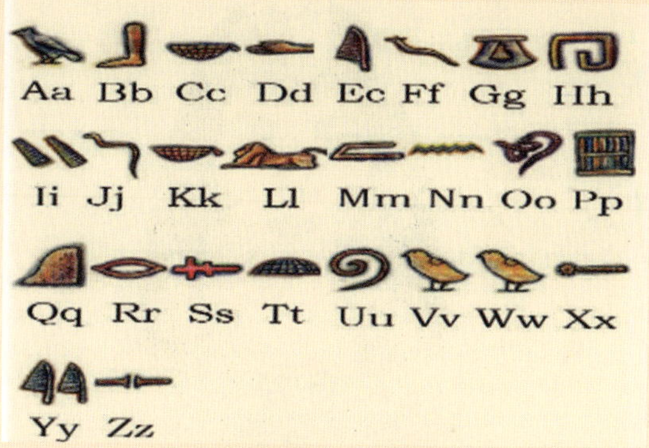

图 5-3 古埃及象形文字与英文字母对照

飞飞、翔翔对古埃及的神话特别好奇，下面就让我们在神秘虚幻的宗教神话中来认识一下古埃及的代表人物吧！

法老（见图 5-4），是古埃及国王专有的称呼，这个词的原意是“大房子”，指的是宫殿。埃及法老自称“太阳神之子”，以此表明自己的神性。在古埃及人的传统观念中，法老是神在人间的代理，人与神交流的中介。

图 5-4 法老

同学们，你们知道法老们的陵墓在哪儿吗？

埃及艳后（见图 5-5），也称克利奥帕特拉七世，是埃及托勒密王朝最后一位女王。她才貌出众、聪颖机智、擅用手腕、心怀叵测，一生富有戏剧性。

游览完宗教神话中的古埃及，我们再来了解一下今天的埃及吧！今天的埃及只有 15% 的人口是古埃及人的后裔，主体是阿拉伯人，阿拉伯语是迄今为止在埃及使用最广泛的语言。埃及服装也是独具风格的，如图 5-6 所示，利用褶皱与有拼接元素的造型，是不是让简单的服饰充满立体感呢？同学们，我们来做一个小游戏吧，贴上你的大头照，设计一套你心目中的埃及服饰，看看你穿上埃及服饰是什么模样吧！

图 5-5　埃及艳后

图 5-6　埃及服装

作为文明古国的埃及，著名景点数不胜数，在这里重点给大家介绍著名的吉萨金字塔、狮身人面像和尼罗河，快跟着飞飞、翔翔一同去见识一下吧！

吉萨金字塔(the Pyramids of Giza)——古埃及法老和王后的陵墓，如图5-7所示，被誉为“世界七大奇迹之一”，无数巨大砖石堆砌成的陵墓象征着君王对永恒的追求。

狮身人面像(the Great Sphinx)也是埃及的著名古迹之一，如图5-8所示。古埃及人的信仰属多神教类，且多半都可以动物来作为其象征。在古埃及，狮子是力量的象征，狮身人面像实际上是古埃及法老的写照。

图5-7 吉萨金字塔

图5-8 狮身人面像

同学们，你们知道现在埃及狮身人面像的五官中缺少了哪个部位吗？你们知道是为什么吗？

A.眼睛　　B.鼻子　　C.嘴巴

尼罗河(Nile)是世界上最长的河流，也是滋润埃及的母亲河，开罗流域的河水非常清澈。乘坐游船欣赏两岸的壮丽风光一定是最美的享受了，如图 5-9 所示。

图 5-9 尼罗河风光

同学们，你们知道尼罗河有多长吗？

A.5464 km　　B.3002 km　　C.6670 km

飞飞、翔翔在悠久的历史长河中遨游了一番，也在风光迤逦的景致中品味了埃及文化，而品尝当地美食也是他们行程中的重头戏之一，“吃货们”快来看看吧！

图 5-10 库纳法

埃及人偏爱吃甜食，且品种多样，这些甜食大多是由杏仁、橄榄、葡萄干、甘蔗汁、柠檬汁和奶酪等制作而成的。著名的甜食有库纳法和盖塔伊夫。

库纳法(Kanafeh)：如图 5-10 所示，起源于法蒂玛王朝，并成为穆斯林斋月最著名的甜点之一。

图 5-11 盖塔伊夫

盖塔伊夫(Gatagif)：如图 5-11 所示，同学们，你们看看它的形状，是不是跟我们吃的饺子很相似呢？不同的是它的个儿大，比我们的饺子大三倍，而且馅是由葡萄干等干果制成的，包好之后不蒸不煮而是下油锅炸。

二、文化差异

1. 问候礼仪

在人际交往中，埃及人所采用的见面礼节主要是握手礼（见图 5-12）。在埃及人眼中，右手是吉祥的象征。同学们请记住，与埃及人（穆斯林皆如此）握手时，一定要用右手哦！

图 5-12 握手礼

那么依照大家的理解，请给埃及人的左右手要做的事情分分工吧！请把代表该答案的序号填入表 5-1 中空白处。

A. 用餐　B. 做脏活　C. 握手　D. 递东西　E. 如厕　F. 扔垃圾

表 5-1 左右手分工

 （左手）	 （右手）

2. 斋月

文明古国埃及有许多奇风异俗，其中之一就是传统的宗教祭礼月——斋月（the month of fasting）。斋月的开始是以新月的出现为标志的，全球穆斯林根据当地新月出现的时间先后进入斋月。因此，斋月的起讫日期每年都不一致。在斋月期间，穆斯林每天从日出到日落，戒绝饮食，工作时间也相应缩短。

因此，在斋月期间，前往伊斯兰国家的游客应该注意：在日出后至日落前的时段里，即在穆斯林履行斋戒（见图 5-13）时，不能在大街上或公共场所抽烟、喝水、吃东西，否则，将被穆斯林视为不尊重其宗教习俗，在伊斯兰国家甚至会被处罚或被拘禁哦！

图 5-13 斋戒

3. 吉祥之神

埃及人非常爱猫。埃及猫是月神贝丝的化身。猫是神圣的精灵，是女神在人间的象征，同时也是幸运的吉祥物。埃及人还很喜欢美丽华贵的仙鹤，认为它代表着喜庆与长寿。

亲爱的同学们，神秘的古埃及就给大家介绍到这里，其中的奥秘还需要同学们来亲身体会呢！

读后任务

(1) 请设计一条从武汉出发前往埃及的为期 8 天的旅行路线。

(2) 说说埃及这个神秘古国最吸引你的是什么地方。为什么？

答案揭晓

同学们，你们知道法老们的陵墓在哪儿吗？

飞飞、翔翔： 法老们的陵墓就是著名的埃及金字塔。

同学们，你们知道现在埃及狮身人面像的五官中缺少了哪个部位吗？你们知道是为什么吗？

A. 眼睛　　B. 鼻子　　C. 嘴巴

飞飞、翔翔： 正确答案是“B. 鼻子”。关于没有鼻子的原因，有几种说法。

说法一：1798 年，拿破仑侵略埃及时，看到它庄严雄伟，仿佛在向自己示威，一气之下，命令部下用炮弹轰掉了它的鼻子。

说法二：多年的自然风化导致今天狮身人面像缺少了鼻子。

同学们，你们知道尼罗河有多长吗？

A. 5464 km　　B. 3002 km　　C. 6670 km

飞飞、翔翔： 尼罗河是世界上最长的河流，正确答案是“C.6670 km”。同学们，你们答对了吗？

那么依照大家的理解，请给埃及人的左右手要做的事情分分工吧！请把代表该答案的序号填入表 5-1 中空白处。

A. 用餐　　B. 做脏活　　C. 握手　　D. 递东西　　E. 如厕　　F. 扔垃圾

飞飞、翔翔： 左右手分工如表 5-2 所示。

表 5-2　左右手分工（答案）

（左手）	（右手）
B、E、F	A、C、D

紧急用语

I lost my credit card.

我丢了我的信用卡。

My purse was stolen.

我的钱包被偷了。

I left my bag in the taxi.

我把钱包忘在出租车上了。

Did you see a bag here?

你看见这儿的包了吗?

Where is the lost-and-found?

失物招领处在哪儿?

Where is the police station?

警察局在哪?

Could you help me to find it?

你能帮我找一下吗?

I've lost my passport.

我的护照丢了。

Where is Chinese Embassy?

中国大使馆在哪儿?

Could you call for a Chinese-speaking staff?

能找个懂中文的员工给我吗?

Help!

救命!

Where is the toilet/restroom?

厕所在哪里?

Excuse me, how can I get to the Pyramid?

请问我怎么去金字塔?

南美洲篇

South America

3

第6章 巴西

导读问题：

(1) 巴西是一个特色鲜明的国家，你能列出几个跟巴西相关的关键词吗？

(2) 如果你去巴西旅游，你会什么时间去？去哪里玩？吃什么？

图 6-1 Blu

飞飞和翔翔最爱看的电影就是《里约大冒险》，今天飞飞、翔翔遇见了电影里的主角Blu(见图6-1)，并和它成了好朋友。Blu来自巴西，性格和巴西人一样，热情礼貌、豪爽大气！Blu首先向飞飞、翔翔介绍了巴西的地理、历史和语言，然后带着飞飞、翔翔到巴西这个多姿多彩的国家旅游啦！

一、国家概况

巴西(Brazil)位于南美洲，如图 6-2 所示，是南美洲最大的国家，国土总面积 851.49 万平方公里，居世界第五。

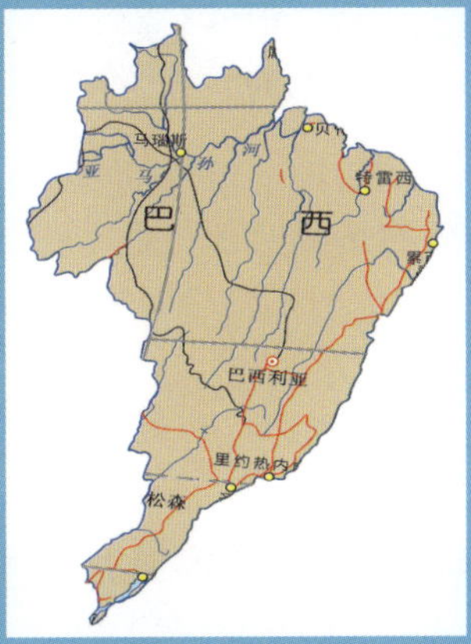

图 6-2 巴西地图示意图

巴西有一个别名，你猜猜它叫什么？

A. 足球王国　　B. 动物王国　　C. 森林王国

巴西自 8000 年前就有古印第安人在此繁衍生息，如图 6-3 所示。1500 年 4 月 22 日巴西被葡萄牙发现后，成为葡萄牙的殖民地。1822 年 9 月 7 日，巴西独立。巴西总人口为 2.028 亿，官方语言为葡萄牙语，英语为其主要外语。

图 6-3 古印第安人

Blu 说，巴西是一个可以让人远离尘嚣的原始热带天堂，地域广阔的巴西充满了街道狂欢、异域沙滩文化、桑巴音乐和各式各样的美食。飞飞、翔翔听完后对此次旅行充满期待。

1. 耶稣山

飞飞、翔翔来到巴西的第一站就是耶稣山。Blu 说耶稣山是里约的象征。耶稣山位于巴西里约热内卢市内，山高 709 米，是观光里约热内卢的最理想地方。山丘上有一个巨型耶稣像（见图 6-4），是为纪念巴西独立运动成功而建的，几乎是不论何时都能从里约热内卢市一眼望见。2007 年，它被评为“新世界七大奇观”之一。

图 6-4 耶稣像

耶稣山上的耶稣像有多高？

A.100 米　　B.38 米　　C.45 米

2. 伊瓜苏大瀑布

接着 Blu 带着飞飞、翔翔来到世界上最宽、风景优美的伊瓜苏大瀑布（Cataratas del Iguazu），如图 6-5 所示。1984 年，它被联合国教科文组织列为世界自然遗产。伊瓜苏大瀑布的名字来自于瓜拉尼语或图皮语，意思是“伟大的水”。据传说称，曾有个神仙打算迎娶一位美丽的当地女孩，但女孩却和她的梦中情人乘独木舟私奔。一怒之下，神仙将河流截断，让这对恋人好梦难圆。伊瓜苏大瀑布巨流倾泻，气势磅礴，轰轰的瀑布声在 25 公里外都可以听见。飞飞、翔翔感叹道：“这个瀑布太壮观了！”

图 6-5 伊瓜苏大瀑布

伊瓜苏大瀑布是世界上最宽的瀑布，那么你们猜一猜它到底有多宽？

A.2000 米　　B.3000 米　　C.4000 米

3. 亚马孙河

来到巴西，怎么能不参观一下“河流之王”——亚马孙河（Amazon River）呢？该河是世界流量、流域最大的，支流最多的河流，也是世界第二长的河流，如图 6-6 所示。亚马孙河流域的热带雨林大半位于巴西，面积约为印度的两倍。该河流共有 1.5 万条支流，分在南美洲大片土地上，流域面积几乎和整个澳大利亚一样大。

图 6-6 亚马孙河

参观完景点，作为“吃货”的飞飞、翔翔问起了巴西有什么好吃的。Blu 说，巴西饮食文化以麻辣出名。大多数巴西人都爱吃红辣椒，巴西人平常主要吃欧式西餐。此外，巴西是一个名副其实的“大豆王国”，豆子无处不在，素有“无豆不成饭”之说。每年巴西全国人均食用豆子近 15 公斤。

4. 巴西烤肉

巴西烤肉是巴西的国家招牌菜，如图 6-7 所示，是能登大雅之堂的风味菜之一。这主要得益于巴西发达的畜牧业，肉多菜少，也是巴西饮食的一大特色。巴西人民惯常喜爱猪肉、牛肉。烤肉是巴西人每逢家宴、野餐必备的食物。飞飞、翔翔对 Blu 说：“巴西烤肉确实很出名，中国也有很多巴西烤肉店呢！”看来巴西烤肉已经走向世界啦！

图 6-7 巴西烤肉

图 6-8 巴西黑豆饭

5. Feijoada(巴西黑豆饭)

Feijoada 是指巴西黑豆饭，是巴西的另外一个招牌菜，如图 6-8 所示。巴西人将牛肉干、熏香肠、咸猪肉、猪手、猪尾巴、猪舌和黑豆，再加上作料一起焖煮两三小时，然后和大米饭伴食。这道菜一出锅，香气扑鼻，飞飞、翔翔口水都流出来了，然后慢慢品尝这个鲜美无比的巴西“国菜”啦!

二、文化差异

1. 足球文化

Blu 介绍了巴西的足球文化。巴西还是世界闻名的“足球王国”，好多足球巨星都来自这里。巴西人对足球的热爱近乎狂热(见图 6-9)，每个角落都有足球的痕迹，他们愿意每时每刻和足球为伴。这里的足球比赛非常多，常常上演精彩大战。

飞飞、翔翔感叹：“和中国相比，这里的足球文化真是太浓厚了！不过中国的国球乒乓球也是很厉害的！”

图 6-9 足球文化

2. 巴西狂欢节

正巧巴西在举行狂欢节(见图 6-10)，Blu 带着飞飞、翔翔来感受这个疯狂的节日！“巴西狂欢节”被称为世界上最大的狂欢节，有“地球上最伟大的表演”之称，每年二月的中旬或者下旬举行三天。飞飞、翔翔看到彩车上的桑巴小姐忘情地跳着，歌手兴奋地唱着，不计其数的人随着节拍在街道上涌动着。飞飞、翔翔感受到了巴西人民的热情和欢乐，在这里也尽情地跳着桑巴舞，一起狂欢！这真是一个令人难忘的节日！飞飞、翔翔对 Blu 说中国也有类似的节日，每年正月十五元宵节也会有很多人出来舞龙、舞狮、踩高跷、扭秧歌、猜灯谜等，十分热闹。

3. 风俗

Blu 带着飞飞、翔翔去巴西的朋友家做客，主人请飞飞、翔翔去河里洗澡，飞飞、翔翔感到非常奇怪，

图 6-10 巴西狂欢节

也有点尴尬，Blu 大笑说：“哈哈，这是巴西的风俗，他们会邀请客人到河里洗澡，这是他们尊重客人的方式，一次又一次，有的一天要洗上十几次，而且洗澡次数越多，表示对宾客越客气、越尊重。巴西人生活中最在意、最看重的部分就是吃饭和洗澡了。”飞飞、翔翔笑道：“原来是这样，看来了解文化太有必要了！”

飞飞、翔翔以前对巴西不是很熟悉，此行收获很多。你收获了什么？巴西给你留下印象最深刻的东西是什么呢？

读后任务

(1) 巴西的美食除了文中列出的烤肉和巴西黑豆饭，其实还有很多我们在中国很少看到的巴西特色食物，请你查阅资料，看看他们还有什么特色美食。将来你去巴西旅行时可以去尝一尝哦!

(2) 巴西的热带雨林是非常出名的，你能够查阅资料，搜索热带雨林相关知识及里面的动物，然后制作一张海报吗?

答案揭晓

巴西有一个别名，你猜猜它叫什么?

A. 足球王国　　B. 动物王国　　C. 森林王国

飞飞、翔翔: 也许你猜到了，正确答案是“A. 足球王国”。巴西的足球非常出名，享有“足球王国”的美誉。不过你可能不知道，巴西还有“咖啡王国”之称，因为巴西是世界上最大的咖啡生产国和出口国。

耶稣山上的耶稣像有多高?

A.100 米　　B.38 米　　C.45 米

飞飞、翔翔: 正确答案“B.38 米”。里约热内卢耶稣像高 38 米，宽 28 米，重量超过 1000 吨，是不是很壮观? 它是巴西里约热内卢最著名的标志哦!

伊瓜苏大瀑布是世界上最宽的瀑布，那么你们猜一猜它到底有多宽?

A. 2000 米　　B.3000 米　　C.4000 米

飞飞、翔翔: 正确答案是“C.4000 米”。可以想象它有多宽吗? 据说从不同地点、不同方向、不同高度，看到的景象都不同，惊心动魄、美丽壮观! 能让人感受到“飞流直下三千尺，疑似银河落九天”的恢弘气势!

酒店入住英语

飞飞和翔翔玩了一天非常累了，想找一家酒店住进去好好休息一晚。不过先学习一下酒店入住用语吧！

1. 常用词汇 (words and expressions)

入住 (check in)	套间 (suites)	退房 (check out)
签名 (signature)	单人间 (single room)	提供 (offer)
双人间 (double room)	收据 (receipt)	标准间 (standard room)
入住登记 (registration)	豪华套间 (deluxe suites)	登记表格 (registration form)
总统套房 (presidential suites)	填写 (fill)	唤醒服务 (wake up call)
服务员 (bellboy)	酒店工作人员 (hotel staff)	接待员 (receptionist)

2. 常用句型 (key sentences)

1) 工作人员

Do you have a reservation?

您有预订吗？

What kind/type of room do you like/prefer?

请问您要订哪种房间？

May I see your passport, please?

可以看看您的护照吗？

Could you sign your name, please?

请您签一下名，好吗？

How long will you be staying here?

您在这儿停留多久？

Could you keep your room key until you check out?

请您在住店期间自己保管钥匙，直到离店。

The dining room is on the main floor.

餐厅在一层大厅。

The porter will take your luggage and show you the way.

行李员会为您提行李，并为您领路。

2) 入住客人

Is there a room available for tonight?

今晚有空房间吗?

Can you help me with this form?

你能帮我填这张表吗?

What time does the dining room open?

餐厅什么时候营业?

May I have a wake up call?

早晨能叫醒我吗?

I'd prefer a quiet room.

我想要一个安静点的房间。

Can you keep my valuables?

你能帮我保管贵重物品吗?

Please bring me a pot of boiled water?

请帮我送一壶热水。

We'll check out on Sunday morning.

我们将在星期天上午退房。

3. 情景对话 (dialogues)

在学习完酒店入住英语后，飞飞和翔翔来到酒店订房间啦!

Feifei & Xiangxiang: Hello, I'd like to check in please.

飞飞、翔翔： 你好，我想入住贵酒店。

Hotel staff: Certainly.Can I have your names please?

酒店职员： 当然可以，请问你们的名字是……

Feifei & Xiangxiang: Feifei and Xiangxiang.

飞飞、翔翔： 飞飞和翔翔。

Hotel staff: What kind of room do you like? We have single rooms, double rooms, suites, deluxe suites and presidential suites.

酒店职员： 请问您要订哪种房间？我们有单人间、双人间、套房、豪华套房及总统套房。

Feifei & Xiangxiang: I'd like double room.

飞飞、翔翔： 我们想要双人间。

Hotel staff: OK! Are you checking out tomorrow?

酒店职员： 好的，您是明天退房吗？

Feifei & Xiangxiang: Yes, that's right.

飞飞、翔翔： 是的，明天退房。

Hotel staff: Will you need a wake up call?

酒店职员： 您需要唤醒服务吗？

Feifei & Xiangxiang: Yes, please.At 7:00 am.

飞飞、翔翔： 是的，请在早上 7:00 唤醒我们。

Hotel staff: OK then, your room is 602 on the sixth floor.Breakfast is served between 6:30 am and 9:00 am. Here is your key.Enjoy your stay.

酒店职员： 好的。您的房间是六层的 602 房间。早餐供应时间是从早晨 6:30 到 9:00 点。这是您的钥匙。祝您入住愉快。

Feifei & Xiangxiang: Thank you.

飞飞、翔翔： 谢谢你。

飞飞、翔翔用所学的英语成功订到一间房，真是太有成就感啦！

北美洲篇

North America

第 7 章 美国

导读问题：

(1) 你对美国了解多少？可以说一说与美国相关的关键词吗？

(2) 美国有一个别称叫“大熔炉”，你知道为什么吗？

今天飞飞、翔翔非常高兴，因为他们认识了一个新朋友——Mickey(米老鼠)。飞飞、翔翔可是从小看着 Mickey 的动画片长大的！Mickey 来自美国的迪士尼乐园，他邀请飞飞、翔翔来到他的国家美国来旅游。飞飞、翔翔太高兴了，因为去迪士尼乐园一直是他们的梦想！Mickey 带着他们先去迪士尼乐园玩了一天，再去美国东海岸参观大学名校，最后到美国西北部，在美国玩了一大圈。让我们来看看他们在美国收获了什么吧！

一、国家概况

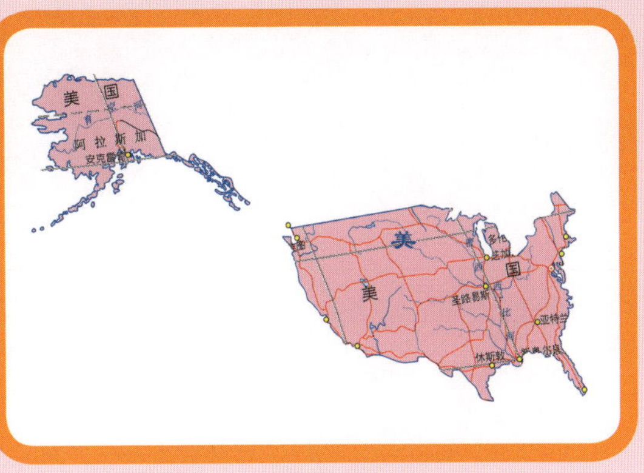

图 7-1 美国地图示意图

Mickey 首先给飞飞、翔翔介绍了一下美国。美国(USA)的全称是美利坚合众国(the United States of America)，如图 7-1 所示。其主体部分位于北美洲中部，国土面积为 937 万平方公里。美国夏令时时，首都华盛顿和中国首都北京的时差为 12 个小时，例如，中国首都北京 9 月 1 日晚上 8 点时，美国首都华盛顿是 9 月 1 日早上 8 点。

同学们，中国的国土面积列世界第三，你们知道美国国土面积排世界第几吗？

A. 第一　B. 第二　C. 第四

美国人口约 3.26 亿，官方语言为英语。可是在很久以前并不是美国人住在这里哦！美国原为印第安人的聚居地。15 世纪末，西班牙、荷兰等欧洲国家开始向这里移民，后来英国在美国建立了殖民地。1775 年，爆发了北美人民反抗英国殖民者的独立战争(见图 7-2)。1776 年，美国摆脱了英国的殖民统治，美利坚合众国成立。

图 7-2 独立战争

中国的国庆节是 10 月 1 日，你知道美国的国庆节是哪一天吗？

A.10 月 1 日　　B.7 月 1 日　　B.7 月 4 日

Mickey 简要地介绍完美国的地理、历史后，带着飞飞、翔翔出发去游玩啦！

1. 美国迪士尼乐园

Mickey 首先带着飞飞、翔翔来到迪士尼乐园（见图 7-3）！美国迪士尼乐园被人们誉为地球上最快乐的地方之一。

图 7-3　美国迪士尼乐园

Mickey 带着飞飞、翔翔来到了美国南部奥兰多的迪士尼乐园。迪士尼乐园里娱乐设施非常丰富：有米老鼠卡通城，可以和卡通人物合影；还可以在“明日世界”看 3D 电影感受未来；在“边域世界”坐霹雳过山车；在“幻想世界”搭乘雪橇飞越山峰；去“探险世界”看泰山树屋……这里实在太有趣了，既梦幻又刺激，飞飞、翔翔玩一天都没玩完呢！在美国没玩够，回中国也可以玩啊！

你知道中国哪里有迪士尼乐园吗？

2. 自由女神像

Mickey 带着飞飞、翔翔沿着美国东海岸，来到了美国最繁华的都市——纽约。在纽约湾第一个映入眼帘的便是自由女神像（见图 7-4）。自由女神像是美国的象征，表达美国人民争取民主、自由的崇高理想。

图 7-4 自由女神像

其实自由女神像并不是美国人自己做的，是由别的国家送给美国的，是哪个国家送的呢？

A. 中国　　B. 法国　　C. 英国

3. 哈佛大学、麻省理工学院

美国有许多世界著名学府，热爱学习的飞飞、翔翔非常想参观这里的大学。于是 Mickey 带着飞飞、翔翔来到美国最古老的城市之一——波士顿。在波士顿有哈佛大学 (Harvard University)，如图 7-5 所示，这里走出了 8 位美利坚合众国总统，上百位诺贝尔奖获得者曾在此工作、学习。同学们，你们一定以为哈佛大学的创始人叫哈佛吧？其实，哈佛大学在 1636 年时叫新市民学院。后来有个叫约翰·哈佛的牧师捐赠了他的财产和书籍，为了纪念他，这个学院就改名为哈佛学院，再后来才改为哈佛大学的。

波士顿还有“世界理工大学之最”——麻省理工学院(Massachusetts Institute of Technology)，简称麻省理工(MIT)，如图 7-6 所示。

感受了这两所顶尖学府浓郁的学术氛围，飞飞、翔翔立志认真学习，将来能在这里读书。

图 7-5　哈佛大学

图 7-6　麻省理工学院

4. 总统巨石像

Mickey 带着飞飞、翔翔从美国东部到西北部的南达科他州(South Dakota)参观闻名世界的美国总统巨石像(Mount Rushmore National Memorial)，如图 7-7 所示。巨石像纪念的是对美国历史作出巨大贡献的四位总统。飞飞、翔翔通过参观总统巨石像，学习了美国的重要历史。

图 7-7　总统巨石像

飞飞、翔翔玩累了，Mickey 带他们吃肯德基和麦当劳（见图 7-8）。

图 7-8　肯德基和麦当劳

美国式饮食不讲究精细，追求快捷方便，也不奢华，比较大众化。因此美国的饮食文化被称为“快餐文化”，肯德基（KFC）、麦当劳（McDonald’s）都来自于美国。

美国快餐油腻、热量高，虽然好吃，但要少吃哦！

二、文化差异

在离开美国之前，Mickey 带着飞飞、翔翔去朋友家做客。Mickey 告诉飞飞、翔翔，在美国去朋友家做客和在中国不一样哦！

第一，不可以在约定时间之前去别人家里，否则是对主人的冒犯！可迟到 5~10 分钟，迟到 15 分钟以上应打电话给主人通报。

第二，如果应邀参加家庭聚会，可问主人需要什么礼物，即使主人婉谢，届时仍可带一瓶酒或一束鲜花，或带一些其他小礼物。美国人一般会当面拆开你送的礼物，并且表示感谢。

第三，做客时要对主人的招待表达热情的赞美和真诚的感谢。宴后三四天内别忘记寄一张感谢卡或感谢函给主人。若在主人家过夜，则通常将感谢卡寄给女主人。

飞飞、翔翔短暂的美国之行就要结束了，美国那么大，他们感觉自己还没有领略美国的全貌，还有更多美国的历史、地理、景点和文化风俗等待他们去探索和发现！

读后任务

(1) 现在越来越多的中国人开始过西方的节日，你知道哪些节日是美国的节日吗？其实很多美国的节日跟中国的节日很像。请你查阅资料，写出5个美国的重要节日，并和中国的节日做比较，看看有什么相似和不同之处。

(2) 美国还有很多旅游景点，你可以再查一查，然后设计一条旅游路线，看看怎么样玩可以轻松玩遍美国。

答案揭晓

同学们，中国的国土面积列世界第三，你们知道美国国土面积排世界第几吗？

A. 第一　　B. 第二　　C. 第四

飞飞、翔翔： 正确答案是“C. 第四”。世界国土面积排名前五名是：第一名，俄罗斯；第二名，加拿大；第三名，中国；第四名，美国；第五名，巴西。

中国的国庆节是10月1日，你知道美国的国庆节是哪一天吗？

A.10月1日　　B.7月1日　　C.7月4日

飞飞、翔翔：美国的国庆节也是美国的独立日。1776 年 7 月 4 日，大陆会议在费城通过了《独立宣言》，正式宣布建立美利坚合众国，这一天就成了美国独立日。因此，正确答案是“C.7 月 4 日”。

你知道中国哪里有迪士尼乐园吗?

飞飞、翔翔：中国香港和上海也有迪士尼乐园哦，以后想到迪士尼玩，就不用去美国啦!

其实自由女神像并不是美国人自己做的，是由别的国家送给美国的，是哪个国家送的呢?

A. 中国　　B. 法国　　C. 英国

飞飞、翔翔：自由女神像是法国于 1876 年为纪念美国独立战争期间的美法联盟赠送给美国的礼物。正确答案是“B. 法国”。

你知道总统巨石像上的这四位总统是谁吗?

飞飞、翔翔：第一位是美国“国父”乔治·华盛顿；第二位是《独立宣言》的主要撰稿人托马斯·杰斐逊；第三位是“和平使者”西奥多·罗斯福；第四位是在 1863 年发表《废奴宣言》的亚伯拉罕·林肯。这四位总统对美国的历史产生了深远的影响。可能你对美国历史还不够了解，如果感兴趣的话，你可以去读一读美国历史书籍哦!

第8章 加拿大

导读问题：

（1）你知道加拿大的官方语言除了英语还有什么吗？

（2）你知道中国和加拿大的时差是多少吗？

飞飞和翔翔想带大家去看金秋时节最美的地方之一，你想到哪里了？对了，他们带大家要去的正是有枫叶国之称的加拿大。秋天，火红的枫叶给大地披上了盛装，树叶灿如朝霞，十分瑰丽，令人沉醉。不仅如此，用枫树树液熬制的枫糖浆味道也棒极了！你想尝尝吗？如果你的答案是“yes(是)”的话，就让我们跟着飞飞和翔翔一起去加拿大看看枫叶林(见图 8-1)吧！

图 8-1　枫叶林

一、国家概况

图 8-2 加拿大国旗

加拿大位于北美洲，国家面积世界排名第二，但人口却只有 3534 万（2015 年），其中华人就有约 145 万，所以你在加拿大，不会有很明显的异国他乡的感觉，因为到处都可以看到华人。加拿大的首都是渥太华，国旗如图 8-2 所示，其官方语言是英语和法语。同学们，你们知道为什么加拿大的官方语言是英语和法语吗？那是因为加拿大曾经是英国和法国的殖民地。法语区主要在魁北克。加拿大与中国的时差为 11.5 ~ 16 小时。为什么这个时差不是固定的而是变化的呢？因为，加拿大本国就跨 6 个时区。飞飞和翔翔为了让大家弄清楚这个时差问题，出发前特地在网上查找了一些资料，让我们具体了解一下这个时差问题吧！举个例子，北京时间 24:00，对应的加拿大时区时间如下：

（1）纽芬兰时区（例如圣约翰斯），12:30。

（2）大西洋时区（例如哈利法克斯），12:00。

（3）东部时区（例如多伦多、渥太华），11:00。

（4）中部时区（例如温尼伯），10:00。

（5）山地时区（例如埃德蒙顿），9:00。

（6）太平洋时区（例如温哥华、维多利亚）8:00。

同学们，如果北京时间是 9 月 11 日 8:00，此时的温哥华是几点钟呢？

现在武汉还没有开通直飞加拿大温哥华以及多伦多的航班，一般需要在北京、上海或是香港转机，飞行时间大约是 13 小时。想去加拿大看看吗？让我们出发吧！

加拿大地大物博，处处都是风景，在这里主要给大家介绍两大公园——斯坦利公园（Stanley Park）、班夫国家公园（Banff National Park），以及有万年历史的哥伦比亚冰原（Columbia Icefield）。

斯坦利公园是北美最大的城市公园，亦是世界最闻名的公园之一，也是温哥华最佳的赏枫之地，如图 8-3 所示。这里有世界上最长的人行道，绿树成荫，随处可见骑行者和轮滑爱好者。人们在公园里悠闲地散步，享受着温哥华的慢节奏。时不时会有鸟儿和小动物从你身边经过，你能感受到动物与人类和谐相处。

不仅如此，在这里亦能感受到加拿大的原住民文化——图腾和形态各异的雕塑，如图 8-4 所示。

图 8-3 斯坦利公园

图 8-4 加拿大原住民文化

班夫国家公园内有著名的路易斯湖（Louise Lake）、梦莲湖（Moraine Lake，见图 8-5）、冰原公路（Icefield Parkway）等。路易斯湖背靠落基山脉，湖水碧绿清澈，远望就像镶嵌在落基山脉中的一颗翡翠，因此路易斯湖被誉为“落基山脉上的蓝宝石”。梦莲湖坐落在著名的十峰谷中，碧蓝色的湖水平静得犹如一块宝石。这两大湖都非常美丽，你一定要去看看才能体会到她的美。

图 8-5 梦莲湖

你猜猜 1969 年到 1979 年版本 20 加元纸币的背面图案是哪个湖呢？

A. 路易斯湖　　B. 梦莲湖

图 8-6　哥伦比亚冰原

哥伦比亚冰原（见图 8-6）是位于加拿大落基山脉的一个冰原，横跨北美洲大陆分水岭。距今已有上万年的历史。它的面积大约为 500 平方公里，最高段冰层厚度约为 130 米，每年降雪量约为 7 米。你要登上冰原，需乘坐专门的冰原雪地车，据说此车全世界也只有 22 辆。而由于气候等原因，哥伦比亚冰原在慢慢融化。它以每年 15 米的速度向后退缩，目前已经退后了 1.5 公里。所以，即使每年都去一次冰原，你也会发现每一次看到的冰原都不一样。

你知道冰原管理者是怎么测量冰原每年融化了多少米吗？

A. 在冰原上插上一根棍子　　B. 用专业的仪器

加拿大的冰酒（icewine）世界闻名，它是葡萄酒之中的极品，如图 8-7 所示。冰酒的酿造是于 200 年前在欧洲无意间被发现后流传至今的。它是利用零下 8 ℃以下，在葡萄树上自然冰冻的葡萄酿造的葡萄酒，其口感极佳。冰酒是大自然赋予葡萄酒爱好者的礼物。告诉你一个很好辨认真伪冰酒的方法——看瓶身上“icewine”的写法。很多假冰酒是把 ice 和 wine 分开写的，而真正的冰酒是把 icewine 写在一起，中间没有空格的。你知道了吗？

图 8-7　冰酒

二、文化差异

(1) 加拿大人早上起来都喜欢喝一杯咖啡。他们的一日三餐中，早餐和中餐都很简单，早餐就吃点面包、麦片，等等。中餐一般会准备便当。晚餐为正餐，比较丰盛。

(2) 加拿大人时间观念非常强，做任何事都爱预约。因此，你与别人约好后，要按时赴约，不要迟到。

(3) 加拿大人喜欢直呼其名，很少称呼对方的称谓。

(4) 加拿大人喜欢一对一的服务。因此，当别人服务其他人时，不要打断他。

(5) 加拿大人排队从不插队。因此，你在加拿大千万别插队哦！

读后任务

(1) 从武汉去加拿大，飞行时间大约要多久？

(2) 加拿大举世闻名的酒叫什么名字？

(3) 你还知道哪些中国和加拿大之间的文化差异？上网去了解一下吧！

答案揭晓

同学们，如果北京时间是 9 月 11 日 8:00，此时的温哥华是几点钟呢？

飞飞、翔翔： 正确答案是 9 月 10 日 17:00。因为温哥华 9 月还施行夏令时，和北京的时差为 15 小时，所以北京时间 9 月 11 日早上 8 点，就是温哥华的 9 月 10 日下午 5 点。

你猜猜 1969 年到 1979 年版本 20 加元纸币的背面图案是哪个湖呢？

A. 路易斯湖　　B. 梦莲湖

飞飞、翔翔： 正确答案是“B. 梦莲湖”。梦莲湖被世界公认为是最有拍照价值的湖泊之一。

你知道冰原管理者是怎么测量冰原每年融化了多少米吗?

A. 在冰原上插上一根棍子　B. 用专业的仪器

飞飞、翔翔： 正确答案是“A. 在冰原上插上一根棍子”。冰原上的管理人员每年都会在冰原上插上一根棍子，并测量露出雪面的棍子高度，等第二年相同的时间再去测量一次，就知道冰原融化多少了。

购物用语

1. 常用句型 (key sentences)

1) 接待 (reception)

(1) Do you find anything you like? 你找到你喜欢的了吗？

(2) What can I do for you? 你要些什么？

(3) Can I help you? 有什么能帮到你吗？

2) 选择 (choosing)

(1) I want a pair of trainers. 我想买一双球鞋。

(2) I'd like to see some cards. 我想看看卡片。

(3) Show me that one, please. 请把那个给我看看。

(4) Could you show me this sweater? 你能让我看一下这件毛衣吗？

(5) I'm just looking, thanks. 我只是看看，谢谢。

3) 试穿 (trying on)

(1) Could you try it on please? How is it? 请试穿看看好吗？如何？

(2) I like this one.May I try it on? 我喜欢这一种。我能试穿吗？

4) 询问 (inquiry)

Do you have anything on sale? 你们有什么特卖品吗？

5) 尺寸和颜色 (size and color)

(1) It's too big. 太大了。

(2) Too small. 太小。

(3) It seems to fit well.　好像蛮合身的。

(4) Can I have a larger one? 可以给我一个大一点儿的吗？

(5) How about this blue one? 这个蓝色的怎样？

6) 价格 (price)

(1) How much does it cost? 多少钱？

(2) What's the price for this suit? 这套西装多少钱？

(3) How much is it? 这个东西多少钱?

(4) How much are they? 这些东西多少钱?

(5) Can you make it cheaper? 你能便宜点吗？

7) 付钱 (check)

(1) How can I pay? 我要如何付钱？

(2) Here is the money. 给你钱。

2. 情景对话 (dialogues)

飞飞和翔翔想去买一件 T 恤衫作为纪念。他们来到了一个商场，看看他们是怎么说的吧！

Salesman: Hello! What can I do for you?

服务员：请问有什么我能帮助您的?

Feifei & Xiangxiang: Hi! I'm looking for a T-shirt.

飞飞、翔翔：我想买一件 T 恤衫。

Salesman: Let me show you.What about this one?

服务员：让我拿给您看看。您觉得这件怎么样?

Feifei & Xiangxiang: It's too big for me and I don't like the colour.

飞飞、翔翔：这件对于我来说太大了，而且我不喜欢这个颜色。

Salesman: Let me show you another.

服务员：让我拿另一件给您看看。

Feifei & Xiangxiang: Oh, this one is better.How much is it?

飞飞、翔翔：哦，这件好一些。这件多少钱?

Salesman: It's €20.

服务员：20 欧。

Feifei & Xiangxiang: Any discount?

飞飞、翔翔：有折扣吗?

Salesman: I'm sorry.There is no discount.

服务员：对不起，没有折扣。

Feifei & Xiangxiang: Can I try it?

飞飞、翔翔：我能试一试吗？

Salesman: Of course.This way, please.The fitting room is right there.

服务员：当然可以，这边请。试衣间就在那儿。

Feifei & Xiangxiang: It's a little big for me.I will take a smaller one.

飞飞、翔翔：这件有点大。我想换小一码。

Salesman: OK.Would you pay in cash or card?

服务员：好的。您是付现还是刷卡？

Feifei & Xiangxiang: Cash, please.Can I have a tax refund?

飞飞、翔翔：付现金。能退税吗？

Salesman: I'm sorry.You should buy at least €175.

服务员：对不起。您至少要买到 175 欧的东西才能退税。

Feifei & Xiangxiang: OK.Goodbye.

飞飞、翔翔：好的，再见。

Salesman: Bye.

服务员：再见。

大洋洲篇

Oceania

第9章 澳大利亚

导读问题：

(1) 你知道哪些澳大利亚特有的动物呢？

(2) 如果让你去澳大利亚旅游，你会选择几月出行呢？说说为什么吧！

这一站，飞飞和翔翔带领我们来到神奇的澳大利亚。在旅途中，飞飞、翔翔遇见了几位可爱的动物朋友，它们将一路陪伴我们欣赏优美的自然风光，领略当地的风俗文化。相信有了它们的陪伴，我们的旅途会一路充满欢乐与活力。让我们现在就开始澳大利亚的梦幻之旅吧！

一、国家概况

澳大利亚(Australia)是大洋洲国土面积最大的国家，如图 9-1 所示，其国旗如图 9-2 所示。

图 9-1　澳大利亚地图示意图

图 9-2　澳大利亚国旗

它位于南半球，在地理位置上与我国正好相反，所以季节是不同的，穿衣自然也不同，如图 9-3 所示。同样的时间，不同的季节，是不是很奇妙呢?

图 9-3　澳大利亚与中国的季节不同，穿衣也不同

同学们，请你们试着补充关于中国和澳大利亚的季节对照表(见表 9-1)吧!

表 9-1　中国和澳大利亚的季节对照

Time	Mar.—May		Jun.—Aug.		Sep.—Nov.		Dec.—Feb.	
Country								
Season	Spring							

澳大利亚的官方语言为英语。它是一个多民族的移民国家，奉行多元文化。在澳大利亚，你很难猜出谁是外国人（见图 9-4），根据人口统计，澳大利亚是世界上人口最多样化的国家。

图 9-4　人口多样化

澳大利亚这片幅员辽阔的土地景致多样，在这里主要给大家介绍世界遗产大堡礁（见图 9-5）和建筑经典悉尼歌剧院（见图 9-6）。

图 9-5　大堡礁

图 9-6　悉尼歌剧院

大堡礁(Great Barrier Reef)因为这些珊瑚礁群像堡垒一样保卫着海岸而得名。大堡礁绵延 2000 多公里，堪称举世无双的水上奇观。

同学们，如果你想去大堡礁旅游应该先前往哪个城市？

A. 墨尔本　　B. 布里斯班　　C. 悉尼

悉尼歌剧院(Sydney Opera House)——澳大利亚的风帆，屹立在美丽的悉尼港湾，散发着独有的艺术魅力。每年在悉尼歌剧院举办的表演大约有3000场，约200万观众前往观看，是世界上最大的表演艺术中心之一。来说说你知道的在悉尼歌剧院举办过的重大演出活动吧！

澳大利亚独一无二的动物种群也是吸引游客们前来观光的原因之一。看看澳大利亚的国徽（见图9-7）就知道它一定是一个充满生机的动物王国了！它拥有超过200万的动物物种，其中80%是特有的。不多说了，有请我们今天的四位主角朋友闪亮登场吧！

1. 考拉(koala)

来到澳大利亚的野生公园，可以免费地抚摸考拉（见图9-8）哦！考拉有着让人特别羡慕的生活习惯，它们一天24小时中，22小时都是用来睡觉的，然后剩下的2小时就是吃和玩了。

图 9-7 澳大利亚国徽

图 9-8 考拉

同学们，你们知道“koala”这个名称在澳大利亚原住民的土话中是什么意思吗？

A. 可爱的　B. 抱抱它　C. 不吃饭　D. 不喝水

2. 袋鼠(kangaroo)

不同种类的袋鼠在澳大利亚各种不同的自然环境中生活，从凉性气候的雨林、平原到热带地区。袋鼠（见图9-9）是食草动物，吃多种植物，有的还吃真菌。

下面有一些有关于袋鼠的小知识，你会回答吗？

Kangaroo can jump and ______.

A.swim　B.fly　C.walk backwards(倒着走)

A newborn(新生的) kangaroo is like ______.

A.an apple　B.a cat　C.a peanut(花生)

图 9-9 袋鼠

3. 鸭嘴兽 (duckbill)

鸭嘴兽(见图 9-10)是世界著名的珍稀动物，产于澳大利亚南部及塔斯马尼亚，是现存最原始的哺乳动物之一。

4. 鸸鹋 (emu)

鸸鹋又名澳洲鸵鸟，如图 9-11 所示，是澳大利亚的象征性动物之一。鸸鹋是世界最大的陆地鸟之一，也是世界上最古老的鸟种之一。

图 9-10 鸭嘴兽

图 9-11 鸸鹋

猜猜鸸鹋最不擅长以下哪一项运动呢？

A.swim　B.walk backwards　C.jump

二、文化差异

澳大利亚是一个多元化的移民国家，这里的社会整体氛围十分自由、融洽。但是他们依然有着不可改变的一个风俗——每个星期的周日上午必须到教堂去做礼拜。这个风俗习惯是自古流传下来的，世世代代的澳大利亚人民从未打破过。因此，如果你想要移民澳大利亚，想要与当地的朋友约到一起举行聚会之类的活动，那么请一定要避开周日上午这个特殊的时间哦！

澳大利亚人最喜爱的动物是袋鼠与琴鸟。前者被澳大利亚人视作澳大利亚最早的主人，后者则是澳大利亚的国鸟。在澳大利亚人眼里，兔子是一种不吉利的动物，认为碰到兔子可能是厄运降临的预兆。

好啦，同学们，就给大家简短地介绍到这里，观赏了优美的自然景观和可爱的动物，你是否也准备开启一段神奇的旅程呢？

读后任务

（1）考拉和袋鼠都是非常可爱的动物，但并非在澳大利亚的任何地方你都能和它们亲密接触，在很多地方你只能远远地观望它们。那么，想要和它们亲密接触，你需要前往哪个州呢？

（2）你认为澳大利亚房屋朝向和我们中国的一样吗？请简单地设计一个房屋朝向平面图，并说说你这样设计的理由吧！

答案揭晓

同学们，请你们试着补充关于中国和澳大利亚的季节对照表（见表 9-1）吧！

飞飞、翔翔：中国和澳大利亚的季节对照如表 9-2 所示。

表 9-2　中国和澳大利亚的季节对照（答案）

Time	Mar.—May		Jun.—Aug.		Sep.—Nov.		Dec.—Feb.	
Country								
Season	spring	autumn	summer	winter	autumn	spring	winter	summer

飞飞、翔翔：因为我国位于北半球，澳大利亚位于南半球，地理位置与我国相反，所以季节当然也是相反的哦！

同学们，如果你想去大堡礁旅游应该先前往哪个城市？

A. 墨尔本　B. 布里斯班　C. 悉尼

飞飞、翔翔：正确答案是“B. 布里斯班”。大堡礁位于昆士兰州（Queensland）的东海岸，而布里斯班是昆士兰州的首府，所以要想去大堡礁，相比而言，先前往布里斯班是比较合理的选择。同学们规划路线时可要注意哦！

同学们，你们知道“koala”这个名称在澳大利亚原住民的土话中是什么意思吗？

A. 可爱的　B. 抱抱它　C. 不吃饭　D. 不喝水

飞飞、翔翔：正确答案是“D. 不喝水”。没错，“koala”在澳大利亚土话中的意思就是“不喝水”，但这不意味着它们真的不喝水，事实上，考拉平时基本是通过自己摄取的食物，比如桉树叶，来补充水分的，只有干旱或是生病时才会喝水。

Kangaroo can jump and ______.

A.swim　B.fly　C.walk backwards(倒着走)

飞飞、翔翔：正确答案是“A.swim”。是的，袋鼠除了擅长跳跃，还是游泳高手哦！图 9-12 所示的是最近在黄金海岸(Gold Coast)出现的新的提示标志，为了让当地的人们注意水面的状况，避免伤害正在过河的袋鼠。你答对了吗？

图 9-12　提示标志

A newborn(新生的) kangaroo is like ______.

A.an apple　B.a cat　C.a peanut(花生)

飞飞、翔翔：正确答案是“C.a peanut(花生)”。别看袋鼠们都那样高大健壮，新生的小袋鼠却只有花生那么大哦！所以，袋鼠宝宝要想像爸爸妈妈那样活蹦乱跳，至少需要在妈妈的育儿袋里待上半年以上的时间哦！

猜猜鸸鹋最不擅长以下哪一项运动呢？

A.swim　B.walk backwards　C.jump

飞飞、翔翔：正确答案是“B.walk backwards”。是的，鸸鹋是不会倒着走的，这是由它的身体结构决定的，这一点跟袋鼠类似哦！有代表性并登上澳大利亚国徽的动物明星袋鼠和鸸鹋都是不会倒着走的动物，这也很好地体现了澳大利亚人“永不退步”的精神。

第 10 章 新西兰

导读问题：

（1）你知道坐飞机去新西兰，要飞多长时间吗？

（2）如果去新西兰，你会买什么礼物送给你的家人和朋友？

飞飞和翔翔是不折不扣的影迷，特别喜欢科幻片。这次为了一探科幻片《指环王》与《霍比特人》取景地的究竟，他们不远万里来到了新西兰，那就让我们追随他们一起去看看现实中的霍比屯(Hobbiton)(见图 10-1)吧！

图 10-1 霍比屯

一、国家概况

新西兰位于太平洋西南部，四面环海，是一个岛屿国家。它位于南半球，因此四季正好与我国的相反。由于它属于温带海洋性气候，因此，四季温度相差不大。最温暖的月份为 12 月至次年 2 月，平均气温在 20 ~ 30 ℃。最冷的月份是在 6~8 月，平均气温在 10~15 ℃。新西兰国旗如图 10-2 所示。

图 10-2　新西兰国旗

同学们，那请你告诉我，新西兰的冬天是在几月份，夏天又是在几月份？

新西兰的首都是惠灵顿，官方语言是英语。新西兰分夏令时和冬令时。一般说来，夏令时是从夏季的 9 月底 10 月初至次年 3 月末 4 月初结束，与中国北京时间有 5 小时的时差，即北京早上 7 时，惠灵顿是中午 12 时。随即，冬令时开始。冬令时与北京时间的时差是 4 小时，即北京早上 7 时，惠灵顿是早上 11 时。

同学们，那我考考大家，如果现在是 11 月份，北京是下午 4 时，那么惠灵顿是几点钟呢？

新西兰曾经是英国的殖民地，1947 年成为主权国家，同时为英联邦成员。新西兰也是一个多民族的移民国家，以欧洲移民后裔为主。它的原住民是毛利人，因此，新西兰最值得一尝的就是毛利传统石头火锅（见图 10-3）。先把薄薄的石头烘热，放入地洞，把包裹好的食物放进地洞并熏熟，原汁原味，烤香扑鼻。

图 10-3　石头火锅

新西兰的麦卢卡蜂蜜（见图 10-4）是新西兰独有的特色蜂蜜，为国宝级制蜜首选。它和其他蜂蜜最大的不同在于其具有活性抗菌成分——UMF（独麦素），它的特殊治疗能力甚至超过很多传统的药品。麦卢卡蜂蜜优于其他蜂蜜，成为世界上最珍贵的蜂蜜之一，因此，被称为“蜜中极品”。

图 10-4　麦卢卡蜂蜜

飞飞和翔翔已经等不及要去《霍比特人》与《指环王》的拍摄地了。同学们，你们知道从武汉飞惠灵顿要多长时间吗？由于武汉没有直飞惠灵顿的飞机，因此我们需要在北京、上海、广州或是香港转机，经转的飞行用时是 19 ~ 23 小时。那就让我们赶紧出发吧。这里，主要给大家介绍两个主要的电影取景地——玛塔玛塔和图罗瓦。

第一站：玛塔玛塔（Matamata）。

玛塔玛塔其实是新西兰北岛的一个小镇，如图 10-5 所示，因盛产奶牛而闻名。在玛塔玛塔，随处抬头可见湛蓝的天空中飘着棉花糖似的朵朵白云。村边蜿蜒流淌的溪水也十分清澈，这里简直就是个世外桃源。玛塔玛塔附近有为了《霍比特人》三部曲重新搭建的霍比屯，如图 10-6 所示。而霍比屯在《指

图 10-5　玛塔玛塔

图 10-6　霍比屯

环王》三部曲中都出过镜，现在已向影迷们开放。喜欢电影《霍比特人》和《指环王》的同学一定不要错过这里哦！

第二站：图罗瓦(Turoa)。

图罗瓦是一个滑雪胜地，如图 10-7 所示，位于鲁阿佩胡活火山的侧坡，地处拥有双世界遗产的北岛中部高原。导演彼得·杰克逊充分利用这里的特殊地形来展现“隐蔽湾”——电影《霍比特人：史矛革之战》中通向孤山(the Lonely Mountain)的入口，瑟罗尔可怕的半身像的监视之眼也正位于此，如图 10-8 所示。

图 10-7 图罗瓦

图 10-8 《霍比特人》拍摄地

二、文化差异

(1) 新西兰人平时生活轻松随意，大多数场合都穿非正式服装，包括去咖啡馆或购物。

(2) 新西兰人参加社交活动的时间观念不是很强。例如，约好下午 1：30，他们 1：45 可能还没到。

(3) 新西兰人对个人隐私是很敏感的，一般不要和他们谈薪水、财产、年龄等问题，除了家庭成员之间，其他人通常不会讨论这些话题。

(4) 新西兰人对有人盯着自己仔细看会感到很不舒服，认为这是一种不礼貌、有敌意的行为。

(5) 一般来说，新西兰人，特别是成年人喜欢听到别人在获得物品和服务或是得到帮助后说“有劳了”“谢谢”。

(6) 新西兰人对杂乱的环境非常反感，因此在公共交通工具上或公共场合，新西兰人说话声调很低，即使与自己的朋友谈话也是这样。

(7) 新西兰人爱好体育活动，特别喜欢橄榄球，他们认为参加体育活动是结交朋友的好办法。

(8) 学校、公共教育机构周六或周日照常开放，但教室周末很少对外开放。

(9) 饮茶也是新西兰人的爱好，一天至少七次，即早茶、早餐茶、午餐茶、午后茶、下午茶、晚餐茶和晚茶。茶馆遍布各地，许多单位都有专门的用茶时间。

读后任务

(1) 如果去新西兰旅游，你会选择几月份出发呢？为什么？

(2) 如果你去新西兰留学，你会通过什么方式去结交更多的朋友？

答案揭晓

同学们，那请你告诉我，新西兰的冬天是在几月份，夏天又是在几月份？

飞飞、翔翔： 新西兰的冬天是从 6 月到 8 月，夏天是从 12 月到次年 2 月，正好和我国的相反。

同学们，那我考考大家，如果现在是 11 月份，北京是下午 4 时，那么惠灵顿是几点钟呢？

飞飞、翔翔： 如果北京是下午 4 时，惠灵顿是晚上 9 时。因为惠灵顿时间比北京时间快 5 小时。

饮食用语

来到一个新的旅游景点，品尝当地美食也是行程中的重头戏之一。然而，若是语言不通，大概就很难品尝到餐厅最受好评的食物了。为了让“吃货们”的旅途不留遗憾，让我们一起来学习一下实用的饮食用语吧！

1. 单词 (words)

1) 水果类 (fruits)

菠萝 (pineapple)	西瓜 (watermelon)	香蕉 (banana)	柚子 (shaddock)
橙子 (orange)	苹果 (apple)	柠檬 (lemon)	樱桃 (cherry)
桃子 (peach)	梨 (pear)	枣 (Chinese date)	椰子 (coconut)
草莓 (strawberry)	木莓 (raspberry)	蓝莓 (blueberry)	黑莓 (blackberry)
葡萄 (grape)	甘蔗 (sugar cane)	芒果 (mango)	木瓜 (pawpaw)

杏子 (apricot) 油桃 (nectarine) 柿子 (persimmon) 石榴 (pomegranate)
榴莲 (durian) 槟榔果 (areca nut) 西班牙产苦橙 (bitter orange)
猕猴桃 (kiwi fruit) 荔枝 (litchi) 青梅 (greengage) 山楂果 (haw)
水蜜桃 (honey peach) 香瓜，甜瓜 (muskmelon) 李子 (plum)
杨梅 (waxberry/red bayberry) 枇杷 (loquat) 柑橘 (tangerine)
莲雾 (wax apple) 番石榴 (guava)

2) 蔬菜、肉 (vegetables and meat)

西红柿 (tomato) 南瓜 (pumpkin) 甜玉米 (sweet corn) 牛肉 (beef)
猪肉 (pork) 羊肉 (mutton) 羔羊肉 (lamb) 鸡肉 (chicken)
生菜，莴苣 (lettuce) 白菜 (Chinese cabbage) 甘蓝，卷心菜 (cabbage)
萝卜 (radish) 胡萝卜 (carrot) 韭菜 (leek) 木耳 (agaric)
豌豆 (pea) 马铃薯，土豆 (potato) 黄瓜 (cucumber) 苦瓜 (balsam pear)
秋葵 (okra) 洋葱 (onion) 芹菜 (celery) 芹菜杆 (celery stick)
地瓜 (sweet potato) 蘑菇 (mushroom) 橄榄 (olive) 菠菜 (spinach)
冬瓜 (wax gourd) 莲藕 (lotus root) 紫菜 (laver) 油菜 (cole)
茄子 (eggplant) 青椒 (green pepper) 四季豆 (garden bean) 腱子肉 (tendon)
肘子 (pork joint) 鲤鱼 (carp) 熏猪肉 (bacon) 金针菇 (needle mushroom)
扁豆 (lentil) 毛豆 (green soy bean) 瘦肉 (lean meat) 肥肉 (speck)
黄花菜 (day lily) 豆芽菜 (bean sprout) 丝瓜 (towel gourd)

3) 海鲜类 (seafood)

虾仁 (peeled prawns) 龙虾 (lobster) 小龙虾 (crayfish) 蟹 (crab)
蟹足 (crab claws) 小虾，虾米 (shrimp) 虾，大虾 (prawn) (烤) 鱿鱼 ((toast)squid)
海参 (sea cucumber) 扇贝 (scallop) 鲍鱼 (sea-ear abalone) 小贝肉 (cockles)
牡蛎 (oyster) 鱼鳞 (scale) 海蜇 (jellyfish) 鳖，海龟 (turtle)
鲳鱼 (butterfish) 虾籽 (shrimp egg) 银鲤鱼 (silver carp) 黄花鱼 (yellow croaker)

4) 调料类 (seasoning)

醋 (vinegar) 酱油 (soy) 盐 (salt) 加碘盐 (iodized salt)
糖 (sugar) 酱 (soy sauce) 沙拉 (salad) 辣椒 (hot(red) pepper)
胡椒 ((black)pepper) 色拉油 (salad oil) 红糖 (brown sugar) 冰糖 (rock sugar)

芝麻(sesame)　芝麻酱(sesame paste)　芝麻油(sesame oil)　咖喱粉(curry)

番茄酱(汁)(ketchup redeye)　黄油(butter)　香草精(vanilla extract)

面粉(flour)

5) 主食类(staple food)

三文治(sandwich)　米饭(rice)　粥(congee/rice soup)　汤(soup)

饺子(dumpling)　面条(noodle)　比萨饼(pizza)　方便面(instant noodle)

香肠(sausage)　面包(bread)　茶叶蛋(tea egg)　春卷(spring roll)

肉馅饼(minced pie)　糙米(brown rice)　玉米(corn)　馅儿(stuffing)

开胃菜(appetizer)　燕麦(oat)　白薯，甘薯(sweet potato)

牛排(steak)　里脊肉(fillet)　凉粉(bean jelly)　糯米，江米(sticky rice)

燕窝(bird's nest)

6) 酒水类(beverage)

红酒(red wine)　白酒(white wine)　白兰地(brandy)　雪利酒(sherry)

汽水，软饮料(soda)　苏打水(sparkling water)　果汁(juice)　冰棒(ice-lolly)

啤酒(beer)　酸奶(yoghurt)　伏特加酒(vodka)　鸡尾酒(cocktail)

豆奶(soy milk)　豆浆(soybean milk)　凉开水(cold boiled water)　日本粗茶(bancha)

生啤酒(draft beer)　白啤酒(white beer)　咖啡伴侣(coffee mate)　茶(tea)

7) 零食类(snack)

薄荷糖(mint)　饼干(cracker/biscuit)　棒棒糖(lollipop)　锅巴(rice crust)

瓜子(melon seed)　冰淇凌(icecream)　冰棒(冰果)(ice(frozen) sucker)

圣代冰淇淋(sundae)　布丁(pudding)　蛋挞(egg tart)

2. 句子(sentences)

1) 询问餐厅(inquiry)

飞飞、翔翔，到国外游玩，品尝当地美食也是他们行程中的重头戏之一。然而，身为异乡游客，自然无法知道每家餐厅口碑如何。此时，他们向餐厅中的服务人员询问，说出了自己的喜好及需求，请对方给出最佳建议，让我们一起来学习一下吧！

Could you recommend a nice restaurant near here?

是否可介绍一家附近口碑不错的餐厅？

I want a restaurant with reasonable price.

我想去一家价位合理的餐厅。

I'd like a quiet restaurant.

我想去一家安静的餐厅。

Where is the main area for restaurants?

此地餐厅多集中在哪一区？

Is there a Chinese restaurant around here?

这附近是否有中国餐厅？

Do you know of any restaurants open now?

你知道现在哪里还有餐厅是营业的吗？

I'd like to have some local food.

我想尝试一下当地食物。

Where is the nearest Italian restaurant?

最近的意大利餐厅在哪?

2) 餐厅预约 (reservation)

飞飞、翔翔已打听好何处有美味，聪明的他们决定在出发前先打电话询问是否需要订位，以免兴冲冲地出门，却碰上餐厅客满的情况。飞飞、翔翔提醒你：电话预约时，一定要详细告知餐厅预约时间、人数与预订人的名字，并且最好询问清楚是否需着正式服装，以免届时失礼。

Do I need a reservation?

我需要预约位子吗？

I'd like to reserve a table for three.

我想要预约 3 个人的位子。

We are a group of six.

我们共有 6 个人。

We'll come around eight o'clock.

我们大约在 8 点到达。

How can I get there?

我要如何才能到达餐厅？

I'd like to reserve a table for two at seven tonight。

我想要预约今晚 7 点 2 个人的位子。

What do you have for today's special?

今日特餐是什么？

We'd like a table with a view of garden.

我们想要面对花园的位子。

Do you have a dress code?

餐厅是否有任何服装上的规定？

3) 点餐 (order)

飞飞、翔翔现在来教我们非常实用的点餐用语。适当地询问服务生，并表达自己喜好，保管可以让自己吃到地道的美食哦！

May I have a menu, please?

请给我菜单。

Do you have a menu in Chinese?

是否有中文菜单？

Would you like something to drink before dinner?

在用晚餐前想喝些什么吗？

What kind of drinks do you have for an aperitif?

餐厅有些什么餐前酒？

May I see the wine list?

可否让我看看酒单？

May I order a glass of wine?

我可以点杯酒吗？

What kind of wine do you have?

餐厅有哪几类酒？

I'd like to have some local wine.

我想点当地出产的酒。

I'd like to have French red wine.

我想要喝法国红酒。

May I order, please?

我可以点餐了吗？

Do you have today's special?

餐厅有今日特餐吗？

Can I have the same dish as that?

我可以点与那份相同的餐吗？

I'd like appetizers and meat(fish) dish.

我想要一份开胃菜与排餐（鱼餐）。

I have to avoid food containing fat(salt/sugar).

我必须避免含油脂（盐分/糖分）的食物。

Do you have vegetarian dishes?

餐厅是否有供应素食餐？

How do you like your steak?

你的牛排要如何烹调？

Well done(medium/rare), please.

全熟（五分熟 / 全生）。

3. 情景对话 (dialogues)

1) 场景一

飞飞、翔翔今晚要与在国外新结交到的好朋友聚会，飞飞提前来到了餐厅。

Waiter: How many in your party?

服务员：您几位?

Feifei: Four.

飞飞：四位。

Waiter: This way, please.

服务员：这边请。

Waiter: Are you ready to order?

服务员：可以点菜了吗?

Feifei: Could you wait a moment?

飞飞：请再等一会儿，好吗?

Waiter: Sure.

服务员：当然可以。

词汇

order(点（菜、饮料）)

句型

be ready to do...（准备好做某事）

2) 场景二

翔翔今天来到了一家西餐厅，品味异国的早餐。

Waiter: Good morning, sir.

服务员：早上好，先生。

Xiangxiang: Good morning.

翔翔：早上好。

Waiter: What can I do for you?

服务员：先生，您要来点儿什么？

Xiangxiang: What have you got this morning?

翔翔：今天早上你们这儿有什么？

Waiter: Everything, like fruit juice, cakes and refreshments.

服务员：水果汁、糕点、各种茶点，应有尽有。

Xiangxiang: I'd like a glass of tomato juice, please.

翔翔：请给我来一份西红柿汁。

Waiter: Any cereal, sir?

服务员：要来点谷类食品吗，先生？

Xiangxiang:Yes, a bowl of porridge.

翔翔：好的，来一份麦片粥。

Waiter: And eggs?

服务员：还要来点鸡蛋什么的吗？

Xiangxiang: Yeah, bacon and eggs with buttered toast. I like my bacon very crispy.

翔翔：要，再来一份黄油吐司配熏猪肉和鸡蛋。我喜欢熏猪肉松脆一点。

Waiter: How would you like your eggs?

服务员：您喜欢鸡蛋怎么做？

Xiangxiang: Fried, please.

翔翔：煎的。

Waiter: Anything more, sir?

服务员：还要什么别的东西吗，先生？

Xiangxiang: No, that's enough. Thank you.

翔翔：不要了，足够了，谢谢。

词汇

cereal（谷类） bacon（培根） a glass of（一杯） a dish of（一份）

fried（煎的） crisp（脆的）

句型

I'd like to have...（我想要……）

亚洲篇

Asia

第11章 日本

导读问题：

（1）提到日本，你的第一印象是什么？

（2）在中国你接触过的最有日本特色的东西是什么？

飞飞和翔翔这一站来到了动漫之国日本，他们遇到了可以帮助大雄实现梦想的哆啦A梦。哆啦A梦认识很多动漫中的小伙伴（见图11-1）。有了哆啦A梦陪伴，他们的旅行变得更加梦幻，接下来让我们看看他们在日本会有怎样的收获和见识吧！

图 11-1 动漫人物

一、国家概况

日本(Japan)是中国的邻国。中国的青岛、天津和上海三个城市都有船可以去日本，其中从青岛去日本船程最短。日本是火山和地震的多发区。日本的首都是东京(Tokyo)。日本最大的四个岛为北海道(Hokkaido)、本州(Honshu)、四国(Shikoku)、九州(Kyushu)。

日本人口主要属于大和民族，日本的主要语言是日语。

大和民族的传统服饰为和服(kimono)。动漫中的主人公也经常出现和服装扮(见图 11-2)，是不是很漂亮呢?

你知道穿着和服有哪些讲究吗?

图 11-2 和服装扮的动漫人物

日本的著名景点有富士山、京都和银座。

富士山(Fuji)是日本国内最高峰，也是世界上最大的活火山之一，如图 11-3 所示。很多日本的动漫中都会出现富士山的场景哦(见图 11-4)!

图 11-3　富士山实景

图 11-4　动漫中的富士山

你知道富士山的最佳攀登月份是几月吗？

京都是象征日本历史的著名景点。京都最著名的名胜是金阁寺。动画片《聪明的一休》中也曾出现过金阁寺的身影哦（见图 11-5）！

图 11-5　金阁寺

寿司（见图 11-6）、天妇罗和牛肉火锅是在世界范围内公认的日本料理代表。寿司（Sushi）是传统的日本食品，既可以作为小吃，也可以当正餐。寿司

的主料是米饭，可以搭配鱼肉、海苔等。看，小新吃得多香啊（见图 11-7）！

图 11-6 寿司

图 11-7 小新吃寿司

你知道寿司的正确吃法吗？

二、文化差异

1. 称呼

称呼日本人时，可称“先生”“小姐”“夫人”，也可以在其姓氏或名之后加上一个“君”字，将其尊称为“某某君”。只有在很正式的情况下，称呼日本人才使用全名。

2. 打招呼

日本人基本上是以鞠躬来打招呼的，这种礼仪来自于唐朝文化。站着的时候，双脚合拢，直立，弯腰低头。从一般性行礼到上身至 90 度的鞠躬，根据礼节轻重程度的不同，低头的角度是各种各样的。在铺着榻榻米的房间里，必须要坐着行礼。让我们一起和宫崎骏漫画《千与千寻》中的主人公千寻一起来学习如何打招呼（见图 11-8），让《哆啦 A 梦》中的主人公大雄来示范一下在榻榻米上应有的坐姿吧（见图 11-9）！

图 11-8　鞠躬

图 11-9　坐姿

日本人为什么喜欢在房间里放置榻榻米呢？去有榻榻米的房间里有什么需要注意的呢？

3. 赏樱

赏樱(sakuragari)是日本人的习俗，称作花见。樱花是日本的名花，如图 11-10 所示，被认为是日本人精神的象征。一般而言，九州、四国等地赏樱期在 3 月底 4 月初，东京等地赏樱期在 4 月中旬，北海道赏樱期要待到 5 月中旬左右。每当樱花开放之际，人们便成群结队地来到樱花树下，摆好点心、赏樱米团以及各种酒和小吃，放上音乐，开怀畅饮，尽情享乐，如图 11-11 所示。

图 11-10　樱花

图 11-11　赏樱

日本的旅行到此就要画上句号了，飞飞和翔翔也要和这些风靡世界的动漫人物告别了，你对日本旅行的感觉如何？有没有觉得恋恋不舍呢？

读后任务

(1) 去日本除了坐船还有没有其他方式？你要是去日本的话会选用什么方式？

(2) 寿司是怎么做的？你能尝试亲手做一个寿司吗？

(3) 和服有没有什么穿着要领？你可以通过上网查找后给你的好朋友介绍一下吗？

答案揭晓

你知道穿着和服有哪些讲究吗?

飞飞、翔翔: 在日本的一些地方穿着和服时，若非参加隆重仪式，一般不选用白色和红色。因为白色代表神圣、纯洁，红色象征魔力。穿和服时，通常也不能戴其他闪闪发光的首饰。

你知道富士山的最佳攀登月份是几月吗?

飞飞、翔翔: 每年9月中旬到10月中旬，富士山开始积雪，一直要到第二年6月才融化，有时候7月中旬仍旧会有残雪。因此每年的7、8月份是攀登富士山的较佳时节，其他季节封山。而8月份台风数量增多，故推荐7月中旬登山最为适宜。富士山一共有4条登山路线，分别是吉田口、须走口、御殿场口和富士宫口。这些路线在登山季节对外开放。

你知道寿司的正确吃法吗?

飞飞、翔翔: 绝大部分中国人吃寿司的方法是错误的。首先，把芥末和酱油混成浆状再吃是错误的。正确的方法应该是把芥末和酱油分离，先蘸一点芥末，再蘸一点酱油吃。其次，用寿司的米饭部分蘸酱油的做法也是错误的。因为用寿司的底部或侧面的米饭处蘸酱油，很容易会把饭团弄散，令蘸了酱油的米饭部分解体。正确的方法应该是用寿司的鱼生部分去蘸酱油。最后，一口一口把寿司咬来吃的做法也是错误的。日本人吃寿司讲究寿司的完整性，不用米饭处蘸酱油就是为了保持寿司的完整性。正确的吃法是直接把寿司全部放进口中，一口把整个寿司吃掉，让鱼生和米饭一起在口中咀嚼，这样才能充分体会到鱼生和米饭的鲜甜。

日本人为什么喜欢在房间里放置榻榻米呢?去有榻榻米的房间里有什么需要注意的呢?

飞飞、翔翔: 榻榻米是从我国盛唐时期传入日本、韩国等地的。榻榻米集中体现了日本人居住方式上的特点。传统的日本房间没有床，也不使用桌椅板凳之类的家具。榻榻米，晚上在上面睡觉，白天把被褥收起，在上面吃饭和进行各种活动，客人来了，坐在上面喝茶交谈。所以，一进日本人的家，一定要脱鞋。不脱鞋就如穿鞋踏在我们中国人的床上一样。

第 12 章 印度

导读问题：

（1）你知道印度有哪些宗教么？

（2）在中国你接触过的最有印度特色的东西是什么？

飞飞、翔翔追随《西游记》中唐僧取经的脚步来到了佛教的起源国印度，在这里他们又将有怎样的奇遇呢？让我们拭目以待吧！

一、国家概况

印度共和国(the Republic of India)，通称印度(India)，其东北部同中国接壤。印度地图示意图如图 12-1 所示。

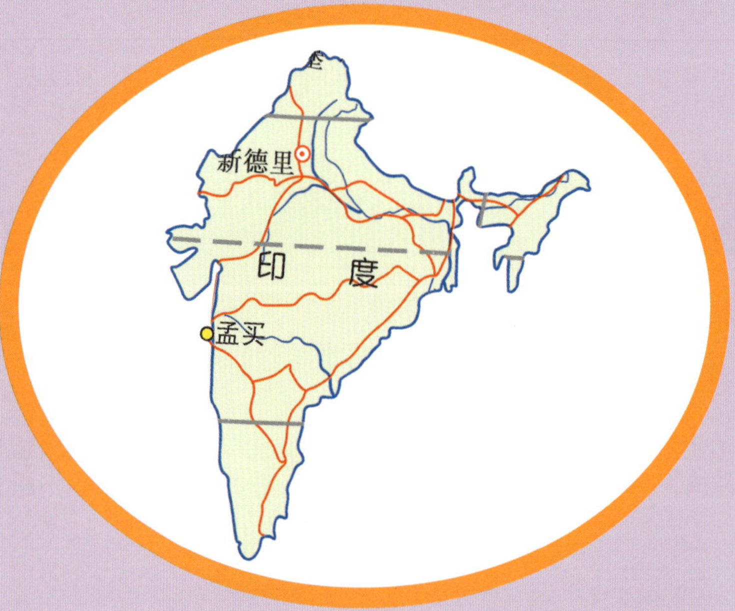

图 12-1 印度地图示意图

请同学们猜一猜，中国的哪个省（自治区、直辖市）与印度接壤？

A. 新疆　　B. 西藏　　C. 内蒙古　　D. 云南

印度为世界上人口数量仅次于我国的第二人口大国。

你知道世界人口数量排名前四位的国家分别是哪几个吗？

古印度是“四大文明古国”之一。你知道其他的三个文明古国分别是哪些吗？

印度以佛教闻名，而在《西游记》中，我们也可以找到一些佛教诸神的化身。

同学们，请仔细观察一下四大天王（见图 12-2），你知道四大天王的法宝分别是什么吗？

图 12-2　四大天王

印度的官方语言是印地语和英语。

同学们，你们知道英语为什么会是印度的通用语言吗？

印度人的装扮极具特色。印度有些地区和一些有信仰的男性是有包头巾的习俗的，这种头巾称为turban。头巾有各式各样的包裹方法。印度妇女的传统服饰是纱丽(sari)。纱丽是指一块长 15 码（约 13.7 米）以上的布料，穿着时以披裹的方式缠绕在身上。印度妇女擅长使用各种技巧，使得纱丽在身上产生不同的变化。印度妇女穿着纱丽时，上衣是一件短袖、露出肚脐的紧身衣(choli)，下身是一条及地的直筒衬裙(ghagra)。《西游记》中的很多人物都有着这样的装扮。

印度妇女还喜欢遵照传统在自己的前额正中点一颗指头般大小的痣，称为“吉祥痣”。它颜色不同，形状各异，一般依衣着颜色而定。

首饰在印度人生活中很重要，男女都喜欢披金戴银。

根据上面的描述，你能试着画一画印度男女的样子吗?

作为一个典型的宗教国家，印度的许多景点也都具有典型的宗教风情。印度著名的景点泰姬陵就是一座伊斯兰风格的建筑，如图 12-3 所示。

图 12-3　泰姬陵

《西游记》中东土大唐派出的圣僧唐僧的原形就是中国唐朝的玄奘法师，他本人就曾经在 7 世纪初拜访过古印度佛教艺术遗址阿旃陀（见图 12-4）。

另外一处与名著《西游记》有着千丝万缕联系的地方就是那烂陀寺(Nalanda Temple)，如图 12-5 所示。公元 627 年的一天，僧人玄奘悄悄离开了当时唐朝的首都长安，发出“不至天竺，终不东归一步”的誓愿，不畏路途遥远，克服艰难险阻，前往西天取回真经。那烂陀寺便是玄奘西天取经的终极目的地。它的另一个名字在中国家喻户晓，就是《西游记》中所描写的西天大雷音寺。

图 12-4　阿旃陀

图 12-5　那烂陀寺

印度菜(Indian cuisine)是结合药材和香料制作的朴实简单、做工精细的菜肴，如图 12-6 所示。印度菜以咖哩闻名，主要以鱼、肉、菜等不同食物来调和多种香料，既不掩盖食物本身的天然滋味，又有浓郁的香味。据说，印度菜所放调料之多，恐怕是世界之最，每道菜中的调料都不下 10 种。

图 12-6 印度菜

二、文化差异

印度可谓是一个宗教国家，而宗教国家是非常重视礼仪的，如果不小心犯了别人的禁忌，那么很有可能会破坏愉快的气氛哦！让我们一起来看看在印度都需要注意哪些吧！

1. 日常礼仪

印度人肢体语言丰富，比如：表示同意，他们总要先把头稍歪向左边，然后立刻恢复原状；表示不同意，他们反倒点头示意。

受邀去印度人家里做客时，要准时赴约，进门时要先脱掉鞋子。来到印度人家里，主人会给客人戴花环（见图 12-7)，这时客人应马上把它取下来以示谦让。做客时，可带水果和糖果作为礼物，或给主人的孩子们送点礼品。

图 12-7 花环

2. 社交礼仪

印度人相互见面时的礼节有双手合十（见图 12-8）、举手示意、拥抱、摸脚（见图 12-9）、吻脚等。印度是一个讲礼节的国家，又是一个东西方文化共存的国度。有的印度人见到外国人时，能用标准的英语问候“你好”，有的则用传统的佛教手势——双手合十。印度佛教徒见面和告别多施双手合十礼，并互相问好祝安。印度人在双手合十时，总是把双手举到脸部前才算合十。必须注意的是，切莫在双手合十时，又同时点头，那就破坏了亲切和气的气氛，显得有点不伦不类了。行摸脚礼时要弯腰触摸长者的脚。

图 12-8 双手合十礼

图 12-9 摸脚

3. 礼仪禁忌

（1）印度人忌以荷花做馈赠品，因为印度人多以荷花为祭祀之花。

（2）忌将小孩放在浴盆里洗澡，因为浴盆里的水是不流动的死水，不吉利。

（3）忌在丧礼中节哀，那是有悖于礼教的。

（4）印度人大多信奉印度教。他们忌讳白色，习惯用百合花当作悼念品；忌讳弯月的图案；忌讳 1、3、7 等数字；忌讳用左手传递东西或食物，也不愿有人使用双手与他们打交道。

哦，对了，在印度，牛向来被当地人视为“圣兽”。牛不仅是“文明之母”，更是上天赐予印度人民的礼物，是印度图腾、文化和宗教的象征。所以当你看到牛在街上大摇大摆地散步（见图 12-10）时，千万不要驱赶它哦！

图 12-10 牛是印度的“圣兽”

答案揭晓

请同学们猜一猜，中国的哪个省（自治区、直辖市）与印度接壤？

A. 新疆　　B. 西藏　　C. 内蒙古　　D. 云南

飞飞、翔翔： 答案是“B. 西藏”。同学们，你们猜对了么？乃堆拉山口位于西藏日喀则地区亚东县与印度锡金段的交界处，海拔 4545 米，距拉萨 460 公里，距印度沿海城市加尔各答约 550 公里。这里曾经是“丝绸之路”南线的主要通道，也曾是中印之间主要的陆路贸易通道。

你知道世界人口数量排名前四位的国家分别是哪几个吗？

飞飞、翔翔： 第一名，中国；第二名，印度；第三名，美国；第四名，印度尼西亚。除了第三名美国外，其他三个都是亚洲的哦！

古印度是“四大文明古国”之一。你知道其他的三个文明古国分别是哪些吗？

飞飞、翔翔： 四大文明古国分别是古巴比伦、古埃及、古印度和中国。之前，我们在埃及也有一段美好的旅程，让我们一起感受文明古国的魅力吧！

同学们，请仔细观察一下四大天王（见图 12-2），你知道四大天王的法宝分别是什么吗？

飞飞、翔翔： 东方持国天王多罗吒，持琵琶。南方增长天王毗琉璃，持宝剑。西方广目天王毗留博叉，持蛇。北方多闻天王毗沙门，持宝伞。中国神话中托塔李天王李靖就是从多闻天王演化而来的。四大天王也被称为“风调雨顺”。中国佛教徒认为：南方增长天王持剑，司风；东方持国天王拿琵琶，司调；北方多闻天王执伞，司雨；西方广目天王持蛇，司顺。将其组合起来便成了“风调雨顺”。

同学们，你们知道英语为什么会是印度的通用语言吗？

飞飞、翔翔： 在印度，英语和印地语并列为官方语言。印度本土的语言就有 400 多种，印在钞票上的本国语言也有 14 种之多。然而就是在有着“语言博物馆”美誉的印度，一种外来语言——英语——却堂而皇之地成为这个国家的“国语”，在印度生根、发芽然后茁壮成长。据统计，有着约 13 亿人口的印度初通英语的人超过 2 亿，是世界上掌握英语人数第二多的国家，仅次于美国，而精通英语的人则有 5000 万。不要忘了，印度人口的识字率仅为 60％。印度语言太多，而且有的语言之间差别甚大，没有一个通用的“普通话”，各地同胞要沟通起来还真是个麻烦事。这与中国的北方人听不懂上海话或广东话不一样，因为中国人毕竟在阅读和写作上用的是同一种文字，只是语言的发音有差异而已。而印度则不同，特别是南方，几乎每个邦都有自己独特的语言，与相邻邦的语言可以说是风马牛不相及。所以说，多亏了有在全国普及开的“普通话”——英语。英语使得印度人能够自由地沟通。

根据上面的描述，你能试着画一画印度男女的样子吗？

飞飞、翔翔： 对照图 12-11，看一下你画得到底像不像吧！

图 12-11　印度男女的样子

做客用语

如果一个说英语的朋友邀请你去他们家做客，你知道跟他们说些什么吗？我们可以教你使用礼貌英语用语，做一位很棒的客人。

1. 常用词汇 (words and expressions)

主人 (host)	客人 (guest)	邀请 (invite)
开心 (glad)	自助 (help yourself)	美丽的 (beautiful)
舒适的 (cozy)	美味的 (delicious)	干净的 (clean)
整洁的 (neat and tidy)	打扰 (disturb)	

2. 实用句型 (sentences)

1) 作为主人

(1) I'm so glad you could come!

当你到的时候，主人可能会说这句话。

(2) It's our pleasure.

当你表达感谢时，主人可能会回答说这句话。

(3) Please make yourself at home.

好客的主人一定不会漏掉这一句。这句话的意思是"让自己舒服点"，或者是"就像在自己家里一样。"

(4) Would you like a second helping?

主人通常会问你是否还需要更多的食物。

(5) How do you take your coffee?

这是询问你的咖啡中需要加多少糖和奶的一种方式。

2) 作为客人

(1) Thank you for inviting me.

进门时，你首先应该礼貌地感谢主人的邀请。

(2) Your home is very beautiful!

你应该赞美一下主人的房子，即使事实上并不如此！

(3) Here are some flowers for your wife.

Here is a bottle of wine for you.

一般来说，应该带花、酒或者甜点等小礼物送给主人家。

(4) You shouldn't have!

因为你而给主人添了麻烦，这样说可以表示对他们的感谢。

(5) It was delicious, but I really couldn't eat any more!

你可以用这句话礼貌地拒绝主人给你的食物。

(6) One milk, two sugars, please.

当主人问你咖啡或茶要不要加点什么时，你可以这样回答。

(7) Thanks for your hospitality.

在即将离开时，你可以用这句话来向主人表示感谢。

3. 情景对话（dialogues）

飞飞和翔翔在旅行途中拜访了自己的朋友，让我们看看他们怎么来展现自己的礼仪吧！

1）场景一

Feifei&Xiangxiang: Good afternoon !

飞飞、翔翔：下午好！

Host: Oh, good afternoon, Feifei and Xiangxiang. How nice of you to come to see me! Please come in.

朋友：下午好，飞飞、翔翔！你们能来看我真好！请进来！

Feifei: This is a box of Dove chocolate. I know you love chocolate very much.

飞飞：这有一盒德芙巧克力，我知道你非常喜欢巧克力。

Host: You're so sweet. Thank you. How was everything with you these few days?

朋友：你们太好了，谢谢，你们这些天过得怎么样啊？

Xiangxiang: I'm doing well, thank you.

翔翔：我很好，谢谢你！

Feifei: I'm fine, too. Thank you!

飞飞：我也很好，谢谢你！

Host: Please sit down. I'll take some drink for you.

朋友：请坐，我给你们拿点喝的。

Feifei: Thank you. You have a very cozy sitting room.

飞飞：谢谢，你的客厅真舒服。

Host: Would you prefer coffee or tea?

朋友：你们想喝咖啡还是茶？

Xiangxiang: Tea, please.

翔翔：请给我茶。

Feifei: Coffee, please.

飞飞：请给我咖啡。

Host: Do you take them with milk?

朋友：你们要不要加奶？

Feifei: No，a thin slice of lemon is OK.

飞飞：不，只加一点柠檬就好。

Xiangxiang: No，thank you.

翔翔：不，谢谢。

Host: Here you are. And help yourself to the dessert. These are cookies.

朋友：给你，甜品请自助，这些是曲奇。

Feifei: These cookies are out of the world! Did you make it yourself?

飞飞：这些曲奇太棒了，这是你自己做的吗？

Host: Yes，I did. Please make yourself at home. Do you want some more tea or another cookie?

朋友：是的，我做的，请自便，你们还想要再来点茶或曲奇吗？

Xiangxiang: No，thank you. I've had enough.

翔翔：不，谢谢，我已经吃饱了。

2）场景二

Host: Hey，welcome! Come in please.

朋友：嘿！欢迎！请进！

Feifei: Oh，thanks，hope that we are not disturbing you.

飞飞：谢谢！希望我们没有打扰到你！

Host: No problem，make yourself at home. Have a seat，please.

朋友：没有，当这里是你们自己家，请坐！

Xiangxiang: Thanks.

翔翔：谢谢！

Host: Do you want some drinks，fruits or snacks?

朋友：你们想要一些喝的吗？或是水果和小吃？

Feifei: Oh yes，thank you so much.

飞飞：嗯，好的，谢谢！

Host: Here you are. Hope you like it. I make this cookie myself. How does it taste?

朋友：给你。希望你喜欢。我自己做的曲奇。这个尝起来如何？

Xiangxiang: Let me try and see... Um... Yum! That's really good... You are really good in cooking and baking!

翔翔： 让我试试，哦，真是太好吃了，你真是擅长做饭和烘焙！

Host: Oh... Thanks. I'm so glad that you like it!

朋友： 谢谢！非常开心你能够喜欢！